Karl Foth

Die französische Metrik für Lehrer und Studirende

In ihren Grundzügen dargestellt

Karl Foth

Die französische Metrik für Lehrer und Studirende
In ihren Grundzügen dargestellt

ISBN/EAN: 9783744603690

Hergestellt in Europa, USA, Kanada, Australien, Japan

Cover: Foto ©Paul-Georg Meister /pixelio.de

Weitere Bücher finden Sie auf **www.hansebooks.com**

Die

Französische Metrik·

für Lehrer und Studirende

in ihren Grundzügen dargestellt

von

Dr. K. Foth,

ord. Lehrer an der Realschule I. O. zu Ludwigslust.

———•••———

Berlin.
Verlag von Julius Springer.
1879.

Vorwort.

Einer Rechtfertigung des Erscheinens, nach der die Unzahl französischer und englischer Grammatiken und Chrestomathieen, die in immer erschreckenderer Weise den Buchhandel überschwemmen, sich mit wahrhaft rührendem Bemühen umsehen, bedarf es für das vorliegende Werkchen nicht. Eine brauchbare Anleitung zum Studium der französischen Metrik, die in gleicher Weise den Resultaten der Wissenschaft und den Anforderungen einer systematischen Darstellung Rechnung trägt, gibt es nicht*), und doch ist, wie ich aus eigener Erfahrung weiss, das Bedürfniss danach so allgemein gefühlt, dass an dem Fehlen einer solchen wohl nur der Umstand Schuld trägt, dass

---

*) Der traité de versification française von Weigand (Bromberg 1871) hat, so trefflich das Buch auch verglichen mit seinen Vorgängern in vieler Beziehung ist, doch wesentliche Mängel, von denen besonders der Mangel an Systematik und übersichtlicher Anordnung des Inhalts der allgemeineren Würdigung und Verwerthung seiner Resultate ausserordentlich hinderlich gewesen ist. Auch verliert sich der Verfasser zu sehr in Einzelheiten und man vermisst ungern eine häufigere Zusammenfassung der Einzelerscheinungen unter allgemeine Gesichtspuncte.

über den in Rede stehenden Gegenstand noch nicht genügend sichere und allgemein anerkannte Resultate zu Tage gefördert sind. Diese Scheu vor der Behandlung eines noch nicht in allen Einzelheiten abgeschlossenen Gegenstandes scheint mir hier nicht am richtigen Orte zu sein: ich hege vielmehr die Ueberzeugung, dass, selbst auf die Gefahr hin, manches Unvollständige und der Verbesserung Bedürftige mit aufnehmen zu müssen, es doch hoch an der Zeit ist, gerade diesen Gegenstand wieder einmal an die Oeffentlichkeit zu ziehen, wenn sich nicht die darüber verbreiteten irrthümlichen Meinungen immer tiefer festsetzen sollen. Es ist daher weniger meine Absicht, durch wissenschaftliche Forschung neue Thatsachen zu Tage zu fördern als vielmehr durch eine zweckmässige und übersichtliche Behandlung des schon Bekannten oder wenigstens Bekanntseinsollenden, wenn auch bei Weitem noch nicht überall Anerkannten, auf einen der Beachtung in hohem Grade würdigen Gegenstand eine grössere Aufmerksamkeit zu lenken. Für die Schule daher ist besonders dieses Buch geschrieben: nicht als ob ich glaubte oder wünschte, dass dasselbe als Lehrbuch nun auch in die Schule eingeführt würde, sondern damit diejenigen, die sich mit der sprachlichen Ausbildung der Jugend zu beschäftigen haben, also die Studirenden und Lehrer der neueren Sprachen, sich mit diesem Wissenszweige besser, als es bisher geschehen ist und geschehen konnte, vertraut machen.

Einsichtsvolle Pädagogen werden zugeben, dass in dem Studium der Gesetze, denen die gebundene Rede folgt, ein namentlich für den schon etwas entwickelten Geist nicht unwesentliches Bildungsmittel liegt, und einsichtsvolle Kenner der französischen Sprache und Metrik werden nicht bestreiten, dass gerade die französische Metrik, weit entfernt in diesem Puncte nicht mit der der alten Sprachen concurriren zu können, sie vielmehr übertrifft. Denn vermöge seines complicirten Baues, vermöge der unzähligen von einem französischen Dichter zu beobachtenden Feinheiten in Bezug auf die Silbenzählung und den Reim, Dinge, die man vielfach fälschlich für Willkür und Launen französischer Versdictatoren hält, statt sie als die natürlichen Ausflüsse eines verfeinerten Gehörs anzusehen, bietet der französische Vers viel häufiger Gelegenheit, das feine Formgefühl des Schülers zu entwickeln, wie er andererseits durch die ihm eigenthümliche, dem Sinne nach stattfindende Eintheilung in Verstacte und den dadurch bestimmten Rhythmus in ungleich höherem Grade dazu dient, das Denkvermögen zu schärfen als der einfachere, mehr nach schablonenhaftem Schematismus gebaute antike Hexameter.

Dass nun der französischen Metrik an den höheren Schulen bisher immer noch keine oder, wenn überhaupt, so doch ungenügende Aufmerksamkeit geschenkt wird, hat seinen Grund einmal freilich in der dem Französischen, im Vergleich zum Lateinischen an Gymnasien, leider immer noch zu knapp zugemessenen Stundenzahl, zweitens aber, und das ist wohl die Hauptsache, in der Unsicherheit und Unklarheit, die bei der Mehrzahl der Unterrichtenden thatsächlich noch über diesen Gegenstand herrscht. In Betreff des ersten Punktes bin ich der Meinung, dass trotz der geringen Anzahl von zwei Lectürestunden in Prima und Secunda es leichter möglich und jedenfalls von grösserem geistigen Gewinn für den Schüler begleitet ist, ihn mit den Hauptthatsachen der französischen Verslehre bekannt zu machen, als bei 10 lateinischen Stunden mit den Horazischen Versmassen. In Betreff des zweiten, vorhin erwähnten Punctes muss die Remedur natürlich zuerst und zwar gründlich eintreten. Denn so lange noch die Meinung weit verbreitet ist, dass die französischen Verse keinen Rhythmus besitzen und nichts anderes als gereimte Prosa seien, oder so lange man noch in jüngst erschienenen Schulbüchern Regeln wie die folgenden liest: Das Französische unterscheidet zwei Hauptarten von Versen, solche mit gerader Zahl von Silben und solche mit ungerader Zahl von Silben. Die Verse mit gerader Silbenzahl werden so gelesen, dass die in gerader Stelle stehenden Silben den Ton haben. Die Verse mit ungerader Silbenzahl werden so gelesen, dass die in ungerader Stelle stehenden Silben den Ton haben (Steinbart, Frz. Gram. II. 194) und: Die Verse mit gerader Silbenzahl haben einen dem jambischen, die übrigen einen dem trochäischen Versmass verwandten Rhythmus. In den jambischen Versen liegt der Versaccent auf der zweiten Silbe d. h. auf den geraden Silben, in den trochäischen Versen auf der ersten Silbe jedes einzelnen Versfusses d. h. auf den ungeraden Silben (vgl. das übrigens sonst treffliche französische Lesebuch von Güth, 1878, pag. 136): so lange kann von einer richtigen und fruchtbringenden Behandlung dieses Gegenstandes keine Rede sein. Nicht bloss, dass die gegebenen Regeln oft geradezu falsch sind wie die obigen vom jambischen und trochäischen Lesen der Verse, es steht von der Hauptsache, von demjenigen, was das Wesen des französischen Verses ausmacht, von seinem syllabisch - accentuirenden Character, seinem eigenthümlichen Rhythmus so gut wie nichts drin: man sucht eben in den Aeusserlichkeiten das Wesen der Sache, und dies sollte nach dem so viele Unrichtigkeiten beseitigenden Buche von Weigand nicht mehr geschehen. Hierauf habe ich daher bei der folgenden Zusammenstellung mein Hauptaugenmerk gerichtet und daraus wird es sich auch erklären, weshalb ich bei einigen Puncten länger, bei andern kürzer verweile, weshalb ich die Silbenzählung, die Silbenmessung, die Verstacte eingehender behandle als die Versarten, den Reim und die Strophen, bei denen ausser den wissenswerthesten, historischen und literar-geschichtlichen Daten nur die allgemeinen Gesichtspuncte angedeutet werden. Es soll nicht eine erschöpfende, alle einzelnen Fälle aufzählende Darstellung der Metrik sein, die hier zu geben versucht wird, sondern mehr eine Anleitung zum Studium derselben, die zugleich, wie ich hoffe, den Beweis ihrer pädagogischen Verwendbarkeit enthält; die wissenswerthesten Thatsachen aus der französischen Verslehre wird man darum doch darin finden.

Es erübrigt nur noch ein Wort über die Entstehung dieses Buches zu sagen. Die Vorlesungen meines verehrten Lehrers, des Herrn Prof. Dr. ten Brink in Strassburg,

welche zu hören ich die Gelegenheit hatte, weckten in mir
neben einem richtigeren Verständniss des Gegenstandes
auch zugleich ein lebhaftes Interesse daran: indirect sind
sie es daher, denen diese Arbeit ihre Entstehung verdankt.
Da es jedoch den Wünschen des Herrn Prof. ten Brink nicht
entsprechen würde, von ihm vorgetragene, theils neue, theils
von der Kritik noch nicht allgemein genug gebilligte Ansichten hier wiederzufinden, so habe ich mich der grösst-
möglichen Selbstständigkeit in Bezug auf meine Behaup-
tungen und Ausführungen sowie auch in Bezug auf die
Eintheilung des Stoffes befleissigt, wie ja denn auch diese,
mehr einem practischen als einem wissenschaftlichen Bedürfniss Rechnung tragende kleine Arbeit nur eine an
wenigen Stellen durch eigene Ansichten ergänzte Zusammenstellung dessen liefern will, was bisher schon bekannt,
aber nach meinem Dafürhalten schlecht bekannt gemacht
worden war.

Ludwigslust, im Mai 1879.

Dr. K. Foth.

Inhalt.

Einleitung.

Die Metrik ist die Wissenschaft der allgemeinen Gesetze, die für die äussere Form und Gestalt der gebundenen Rede im Unterschied von der ungebundenen Rede massgebend sind. Das characteristische und wesentliche Unterscheidungsmerkmal der Poesie von der Prosa aber ist die der ersteren eigenthümliche rhythmische d. h. tactmässig abgemessene Bewegung, die durchgehende, nicht bloss gelegentliche, regelmässige Aufeinanderfolge sei es stark betonter und schwach betonter, sei es langer und kurzer Silben. Demnach hat jede Metrik es zu thun mit der Aufstellung und Behandlung der Gesetze der rhythmischen Bewegung in der Poesie. Ohne Rhythmus keine Poesie und ohne Poesie keine Metrik. Für die französische Metrik muss also, wollen wir anders überhaupt das Recht haben, von einer solchen zu reden, die Thatsache der rhythmischen Bewegung im französischen Verse erst anerkannt werden, und da ist es denn wunderbar genug, dass dieses erste Erforderniss jedes Verses dem französischen Verse immer noch nicht allgemein zugestanden wird, ja dass man noch vielfach der veralteten Ansicht huldigt, der französische Vers sei von der Prosa durch weiter nichts unter-

schieden als durch Beobachtung einer bestimmten Silbenzahl,
durch Vermeidung des Hiatus und des Enjambement, durch
Innehaltung der Caesur, durch Anwendung des Reims und ähnliche
Aeusserlichkeiten; glücklicherweise ist die französische Poesie nicht
in der Lage, sich mit einer so schwachen und dazu einförmigen
rhythmischen Bewegung begnügen, auf einen Rhythmus innerhalb
des Verses selber aber überhaupt verzichten zu müssen. Wie
diese Annahme schon an und für sich unwahrscheinlich ist, so
zeigt auch eine Vergleichung der ersten besten französischen
Verse ihre offenbare Unrichtigkeit; denn wenn die obigen Forderungen die einzigen wären, die man an einen Vers zu stellen
hätte, so müssten ja alle Verse, in denen sich jene Forderungen
beobachtet finden, gleich gut und richtig sein. Ist das aber der
Fall? Ich glaube, Niemand, der irgend rhythmisches Gefühl besitzt, wird behaupten, dass der Vers:

       D'adorateurs zélés à peine un petit nombre

oder der Vers:

       Je tremble qu'Athalie, à ne vous rien cacher

von demselben metrischen Werthe ist wie die folgenden:

       Oui, je viens dans son temple adorer l'Eternel

       Je viens suivant l'usage antique et solennel;

und doch sind in allen vier Versen die obigen Forderungen in
gleicher Weise erfüllt. Es muss also noch etwas anderes vorhanden sein, das uns jene Verse schlecht, diese gut erscheinen
lässt und dies andere ist eben der verschiedene Rhythmus. Dass
dieser nun aber nicht, wie an vielen Schulen und in vielen noch
jüngst erschienenen Schulbüchern (vgl. die Vorrede) gelehrt wird,

entweder rein jambisch oder trochäisch ist, je nachdem der Vers
eine gerade oder eine ungerade Silbenzahl enthält, zeigt schon ein
Blick auf die angeführten Verse: nur in dem letzten haben wir
jambischen Rhythmus. Es kann nun aber allerdings die rhythmische Bewegung im Verse eine verschiedenartige sein, eine mehr
oder weniger stark ausgeprägte, eine in höherem oder geringerem
Grade regelmässige; und so nimmt sie denn auch im französischen
Verse eine etwas andere und zwar complicirtere Gestalt an, als
sie uns aus den antiken und deutschen Metren geläufig ist. Eine
kurze vergleichende, den Unterschied deutlicher machende Betrachtung wird zeigen, dass der Rhythmus im französischen Verse
nothwendig ein andersartiger sein muss als im antiken oder deutschen Verse.

Ein Vers kann aus Tacten (bekannter unter dem unpassen-
den Namen „Füssen") bestehen, deren Anzahl bestimmt ist, und
auf welche sich die einzelnen Silben des Verses in der Weise vertheilen, dass immer eine bestimmte Anzahl gehobener und ungehobener, resp. langer und kurzer Silben in bestimmter, regelmässig
wiederkehrender Reihenfolge zu einem Tact gehören. Dies ist
der Fall bei den klassischen und deutschen Metren, deren einziger
Wesensunterschied nur darin besteht, dass bei den ersteren das
Verhältniss von Länge und Kürze, d. h. der Rhythmus in der
Quantität der Vokale, bei diesen der Rhythmus aber in der
schwächeren oder stärkeren Betonung der Silben, d. h. in dem
Wortaccent beruht, der hier nicht mehr Tonerhöhung, wie bei den
alten Sprachen, sondern Tonverstärkung bedeutet und daher mit
dem Versaccent zusammenfallen musste. Anders liegt die Sache

beim französischen Verse. Weder ist hier eine bestimmte Anzahl Verstacte noch eine bestimmte Abwechslung gehobener
und ungehobener Silben möglich. Dem widerspricht das französische Betonungsgesetz. Denn dieses für die poetische Rede so
gut als für die Prosa geltende Gesetz, nach welchem der Ton
immer auf die letzte sonore Silbe des Wortes gelegt (abgesehen
von dialectischen Eigenthümlichkeiten der südfranzösischen, belgi-
schen und schweizer Aussprache), auf die Quantität, die in den
klassischen Sprachen eine so grosse Rolle spielt, kaum im Reime
Rücksicht genommen wird und endlich eine sehr grosse Anzahl
kleiner Worte überhaupt nicht betont werden kann, erlaubt
einen solchen regelmässigen Wechsel von Hebung und Senkung
für gewöhnlich nicht, wenigstens würde durch Beobachtung eines
solchen Gesetzes die Kraft des Dichters in hemmende Schranken
gedrängt werden, wie sie keine Metrik sonst kennt. Beispiele
solcher, nach diesem System gebauter Verse gibt es allerdings
(vgl. Weigand p. 142); man erkennt aber auf den ersten Blick,
dass es zwar möglich ist, einzelne Verse in dieser Weise zu
bilden, dass aber, sobald eine grössere Anzahl fortlaufender Verse
so gebaut wird, bald hier, bald da der Rhythmus gestört ist,
sei es durch zu lange Wörter, denen der Dichter dann einen oder
mehrere Nebenaccente geben muss, sei es durch die Aufeinanderfolge zu vieler einsilbiger Wörter, von denen, um z. B. einen
jambischen Rhythmus innezuhalten, die ungeraden betont werden
müssten. Was soll man mit einem sechssilbigen Wort wie inalié-
nable oder Verbindungen wie me le, nous en, je le etc. in einem
jambischen Verse anfangen? Während die deutsche Sprache durch

den ihr eigenthümlichen Nebenton in den Stand gesetzt ist, die
nach dem quantitirenden System gebauten Verse der alten
Sprachen nachzubilden, da sie ja an allen vom Rhythmus gefor-
derten Stellen Wort und Versaccent zusammenfallen lassen kann,
war dies für die französische Sprache aus den oben angeführten
Gründen nicht möglich; diese musste sich begnügen, wenn sie
an wenigen recht hervortretenden Stellen, also besonders am Ver-
schluss und bei längeren Versen an einer zweiten Stelle innerhalb
des Verses dieses Zusammenfallen erreichte. Damit war freilich
nur ein schwacher und eintöniger Rhythmus, der auch durch die
für unumgänglich nothwendig erachtete Anwendung des Reimes
sowie durch Innehaltung einer bestimmten Silbenzahl nicht wesentlich gebessert wurde, gewonnen. Mehr Abwechselung und Lebendigkeit erhielt derselbe erst, wenn ausserdem noch im Innern
der einzelnen Verse ein gewisser, wenn auch nicht durchweg
gleichartiger, auf einer angemessenen Tactbewegung beruhender
Tonfall der Worte beobachtet wurde. Und hat uns die oben an-
gestellte Vergleichung einiger französischen Verse nicht schon ge-
zeigt, dass ein derartiger Rhythmus thatsächlich vorhanden ist?
Während also die klassischen und deutschen Metren einen bestimmten, sei es dem quantitirenden, sei es dem accentuirenden
Princip huldigenden Rhythmus zeigen, hat der französische Vers
einen weniger bestimmten, dem ein syllabisch-accentuirendes
Princip zu Grunde liegt. Wie derselbe nun im Einzelnen weiter
geartet sei, wie er beruhe in einer bestimmten Silbenzahl, in
einem gewissen Silbenmass, d. h. Verhältniss der einzelnen Silben
in Bezug auf ihren rhythmischen Werth, in einer gewissen Anzahl

von Verstacten, wie er aus einer Combination aller dieser einzelnen Momente resultirt, das ist es, womit die Metrik sich vor allem zu beschäftigen hat. Da aber die Metrik die Wissenschaft der rhythmischen Gesetze ist, nicht bloss in dem einzelnen Verse, sondern in einer Vielheit von Versen, so hat sie auch die sonstigen, auf eine rhythmische Gliederung abzielenden Erscheinungen der Poesie, also den Reim und die Strophe, mit in den Bereich ihrer Betrachtung zu ziehen. Wir theilen daher unsern Gegenstand ein in zwei Haupttheile, deren erster von dem Rhythmus eines Verses, deren zweiter von der rhythmischen Gliederung einer Vielheit von Versen handelt, und haben, die einzelnen Bestandtheile einer poetischen Composition der Reihe nach betrachtend, in dem ersten Haupttheil zu erörtern: I. Die kleinste rhythmische Einheit im Verse, die **Silben**, und zwar 1. ihrer **Zahl**, 2. ihrem **Werthe** nach, II. die nächstgrössere Einheit, die **Verstacte**, III. die dann folgende Einheit, das **Versganze** mit einer sich daran schliessenden Betrachtung der verschiedenen **Arten von Versen**; im zweiten Haupttheil I. den **Reim**, II. die **Strophe.**

———————

A. Der Versrhythmus.

I. Die Silben des Verses.

1. Die Silbenzahl.

Dass eine bestimmte Silbenzahl von jeher ein unumgängliches Erforderniss des französischen Verses gewesen ist, zeigen schon die ältesten Erzeugnisse der französischen Literatur, die überhaupt auf den Namen Poesie Anspruch machen können, und dass in der ununterbrochenen Wiederkehr einer solchen bestimmten Anzahl von Silben ein, wenn auch noch so schwaches und eintöniges rhythmisches Moment liegt, lässt sich ebenso wenig bestreiten, wie dass das Hämmern des Schmiedes, der nach immer je zwei oder drei Schlägen eine kleine Pause macht, nach einem gewissen Rhythmus geschieht. Diese Thatsache also anerkennend, wenden wir uns zu der Frage: Wie erkennen wir die bestimmte Silbenzahl im französischen Verse? d. h. wie werden die Silben gezählt? Man kann nur in einem Falle zweifelhaft sein. Da wo mehrere Vokale an einander stossen, ist die doppelte Möglichkeit vorhanden, sie ein- oder zweisilbig zu lesen. Die einzige hier zu erörtende Frage ist also: Wie verhalten sich zwei oder mehrere aufeinanderfolgende Vokale in Bezug auf die Silbenzählung? Da die aufeinanderfolgenden Vokale entweder einem und demselben Wort oder zwei Wörtern (dem Ende des ersten und dem Anfange des zweiten) angehören können, so haben wir zu unterscheiden, a. Einsilbigkeit entstanden durch Diphthongirung, b. Einsilbigkeit entstanden durch Elision.

a) Diphthongirung. Für die Frage, ob wir es mit einer einsilbigen oder mit einer zweisilbigen Vokalcomposition zu thun haben, ist es nöthig, sich das Gesetz zu vergegenwärtigen, welches bei dem Uebergang der lateinischen Wörter in die französische Sprache wirksam gewesen ist. Die lateinische Tonsilbe blieb erhalten; von den ihr voraufgehenden Silben schwand die ihr unmittelbar vorhergehende kurze, das Wort nicht anlautende (einige Ausnahmen kommen nicht in Betracht): von den nachfolgenden ward, wenn deren zwei waren, die erste ausgestossen, wenn nur eine da war, diese ebenfalls abgeworfen, ausgenommen die Fälle, wo sie den Vokal a enthielt oder wo die Aussprache der vorhergehenden Consonanten einen auslautenden Vokal erforderte, in welchen beiden Fällen ein stummes e hinter die Tonsilbe trat. Aus diesem Gesetz folgt für die Silbenzählung im Französischen, dass ein Vokal vor dem Tonvokal*) Silbenwerth hat, wenn er einer lateinischen Silbe entspricht, keinen Silbenwerth hat, wenn er durch Diphthongirung, durch Erweichung eines Gutturalis oder Dentalis oder durch Attraction an seine Stelle gelangt ist, sowie ferner, dass ein Vokal nach der Tonsilbe mit einziger Ausnahme des auslautenden e ebenfalls ohne Silbenwerth ist**). Zweisilbigkeit der betreffenden Vokalverbindungen haben wir also in: *prier, mendier, société, piété, intérieur, occasion, industriel, inquiet,* da i immer einer selbstständigen Silbe im lateinischen Wort entspricht und diese dort dem Tonvokal voraufgeht: *precari, mendicare, societatem, pietatem, interiorem, occasionem, industrialem, inquietum;* Einsilbigkeit dagegen in *moi, lièvre, bien, miel, vierge,* in denen oi und ie auf Diphthongirung des lateinischen ē, ĕ und ĭ beruht: *me, leporem, bene, mel, virginem;* ferner in *lieu, fruit, puits* (afr. *puis*), wo i durch Erweichung der lateinischen Gutturalis resp. Dentalis (*locum, fructum, puteum*) entstanden ist; ebenso in *chevalier, premier, laurier,* wo Attraction des lateinischen i aus der Endung ius in *cavalarius, primarius, laurarius,* Diphthongirung bewirkt hat;

---

*) Der im Lateinischen den Ton hatte.

**) Mit dieser Formulirung habe ich mich bemüht, die hierüber vom Herrn Prof ten Brink vorgetragene Ansicht wiederzugeben.

auch in *aujourd'hui, fuir, détruire* wo i **nicht** auf der lateinischen Silbe -ie in *hodie,* -ere in *fugere, destruere* beruht, die ja als hinter der Tonsilbe stehend abfallen musste; auch *Dieu, épieu,* sind einsilbig, da u im Lateinischen hinter der Tonsilbe stand: *Deum, epiculum.* Zweisilbig dagegen sind Wörter wie *foie, pluie, joie,* in denen e auf lateinisches a (*ficata, pluvia, gaudia*) zurückführt. So erklärt sich auch die für das Altfranzösische geltende Thatsache, dass die Verbalendungen *-ions, -iez* im Conditionalis und Imperfectum zweisilbig, weil auf zwei lateinischen Silben *-eba*mus, *-eba*tis beruhend, im Conjunctiv des Präsens und Imperfectum dagegen einsilbig sind, weil hier lautlich gar nicht begründet. Heute gelten bekanntlich diese Endungen für einsilbig, ausgenommen, wo voraufgehende Muta cum Liquida, die diphthongische Aussprache erschwerend, Zweisilbigkeit herverbringt (*voudri-ons*) und natürlich bei wurzelhaftem i (*ri-ons*). Damit kommen wir zu den Ausnahmen von der oben entwickelten Regel, deren dieselbe eine grosse Anzahl bietet, wie das ja bei einer Sprache, die in ihrer natürlichen Entwickelung durch so viele störende Zwischenfälle unterbrochen wurde, nicht anders zu erwarten ist.

Diese **Ausnahmen** lassen sich, obwohl sprachliche Willkür eine bedeutende Rolle dabei gespielt hat und somit ein genaues Classificiren derselben unmöglich macht, doch in einige bestimmte Gruppen abtheilen. Besonders zahlreich sind die Fälle der Synaerese, d. h. der Zusammenziehung zweier oder mehrerer Vokale in einen Laut da, wo man Zweisilbigkeit erwarten sollte: *Laon, Saone, Phaon, paon, faon, taon, Caen, août, saoul, diantre, diacre, diable, Niagara, bréviaire, Florian, familiariser, miniature, viande, lièvre, serviette, miette, Amiens, ancien, diète, chrétien, poêle, ouais, fouet, Guienne, Juif, fuir, -ions, -iez* im Imperfect und Conditionalis nach nicht voraufgehender Muta cum Liquida. Die Mehrzahl dieser und ähnlicher Fälle fügte sich jedoch im Altfranzösischen noch der Regel; erst später, besonders seit Malherbe und seinem Verbot des Hiatus, trat die Contraction in diesem Umfange ein. Aber auch die **Diaerese** d. h. die Trennung einer

eigentlich diphthongisch lautenden Vokalverbindung in zwei Silben
begegnet, obwohl seltener; namentlich in Verbindungen von *su-*
oder *sou-* mit folgendem Vokal: *su-ève, persu-ader, Sou-abe*, bisweilen in *Su-ède;* dann in Verbindungen, wo Muta cum Liquida
einer Vokalcomposition voraufgeht; in diesem Fall sind also die
sonst gewöhnlich einsilbigen Endungen *-ions*, *-iez*, *-ier* zweisilbig;
das Wort *hier* hat jetzt ebenfalls Zweisilbigkeit, während es in
avant-hier der Regel gemäss einsilbig ist.

Eine eigenartige Behandlung erfährt das sogenannte stumme e.
Während es im Altfranzösischen im Ganzen noch jedem andern
Vokal gleichgestellt wurde, zählt es im Neufranzösischen nicht als
Silbe 1. da, wo es, vor der Thonsilbe stehend, einem Vokal oder
Diphthong folgt: *tuerai, avouerai*, ausgenommen *fierai*; die Contraction wird bisweilen auch durch die Orthographie angedeutet:
prirai; 2. nach der Tonsilbe stehend im Imperfectum und Conditionalis: *aimaient* und *aimeraient* sowie in *aient* und *soient*; 3. im
Auslaut eines Wortes nach einem Vokale stehend wird es nur
dann im Verse geduldet, wenn Elision möglich ist oder am Ende
des Verses: *joie et, rue.* Daher darf der Dichter nicht schreiben:
N'écoutons que l'amour, la joie, les plaisirs, sondern mit Einfügung
von et: N'écoutons que l'amour, la joie *et* les plaisirs, er darf
auch nicht Wörter gebrauchen wie: *armées, joies, s'écrient, rallient*
u. a., die sich nur am Ende des Verses finden dürfen. Für die
Frage, ob das stumme e im Verse mitgelesen werden müsse oder
nicht, ergibt sich aus dem Vorstehenden mit Nothwendigkeit die
Antwort, dass überall da, wo es mitgezählt wird, es auch mitgelesen werden muss.

Wie man schon aus dem Vorstehenden wird ersehen haben,
ist auf die Silbenzählung und den Geltungswerth der verschiedenen Vokalcompositionen für den Dichter von dem grössten
Einfluss gewesen ein Umstand, der auch zugleich den Hauptunter-
schied des Neufranzösischen vom Altfranzösischen in diesem
Puncte und damit die vielen Abweichungen von unserer Hauptregel erklärt: die Scheu des französischen Ohres vor dem Hiatus.

Im Altfranzösischen erregte er noch keinen Anstoss, doch schon seit dem 16. Jahrhundert zeigt sich das Bestreben, das Zusammentreffen mehrerer Vokale, von denen der eine ein Wort schliesst, der andere ein Wort beginnt, zu vermeiden, sehr deutlich, und seit Malherbe gilt er als durchaus verpönt. Wie gross der Zwang ist, der dem Dichter hierdurch auferlegt wird, zeigt der Umstand, dass Verbindungen wie *et on* (dafür et l'on), *il y a* (dafür il est), *joie* vor nachfolgendem Consonanten u. a. nicht im französischen Verse vorkommen dürfen. Zu weit aber durfte man doch nicht gehen, und daher ist der Hiatus denn auch in gewissen Fällen erlaubt: *le onzième, joie et, le oui*, meistens auch bei nasalem n: *en un autre*. Uebertretungen sind jedoch nicht selten, häufig sogar bei den Dichtern der neueren, romantischen Schule. Im Uebrigen ist der Hiatus nur dann gestattet, wenn er sich durch Elision beseitigen lässt.

b) Elision. Der gewöhnliche Fall derselben, Ausfall eines auslautenden, tonlosen e vor folgendem Vokal oder stummen h ist aus der Prosa hinlänglich bekannt: das e verstummt in der Aussprache und wird ja in gewissen Fällen auch in der Schreibung unterdrückt: *l'âme, l'homme* etc.; nur wenige Wörter gestatten keine Elision wie *onze, onzième* (bei Corneille im Cinna freilich l'onzième) *oui*; hinwiederum andere mit aspirirtem h gestatten sie wie *courage hors* (la Font.), *même haïssables* (Volt.) *d'Henri* (Bér.) *d'hoyaux* (Florian). Als Ausnahme ist es jedoch nicht anzusehen, wenn das tonlose e in imperativischen Verbindungen wie *laissez-le* vor folgendem Vokal gewöhnlich nicht elidirt wird, da es hier als Object beim Imperativ in der Caesur stehen und eine Vershebung tragen kann, somit überhaupt nicht als tonlos anzusehen ist. Der Ausfall eines andern auslautenden Vokals als e ist für *i* nur bei dem Worte *si*, wenn es vor *il* steht, für *a* bei dem Artikel *la* vor folgendem Vokal oder stummem h, für die andern Vokale überhaupt nicht gestattet. Andere Arten von Elision, die im Altfranzösischen eine grosse Rolle spielen, kommen im Neufranzösischen gar nicht mehr vor. So nicht die Aphaerese d. h. Ausfall eines anlautenden Vokals nach auslautendem Vokal; ersterer war immer ein e; *ou 'st = où est, ja 'st = ja est, qui 'n = qui en* begegnen häufig; so ferner nicht die **Inclination** d. h. Anlehnung eines einsilbigen, tonloses e enthaltenden Wortes an ein voraufgehendes, ebenfalls einsilbiges; inclinationsfähig waren besonders *me, le, les* und andere, wie sie in den Verbindungen *jem = je me, nel = ne le, sis = si les, ès = en les* vorkommen und sich noch zum Theil in der modernen französischen Umgangssprache erhalten haben: *je ne te le dis pas* lautet fast wie jen tel dis pas; auf ein Minimum reducirt sind ferner die andern Arten der Elision, in denen durch Ausstossen eines Buchstaben, sei es im Innern eines Wortes, sei es am Ende, ohne dass ein vokalisch anlautendes Wort folgt, eine geringere Silbenzahl erzeugt wird. Während in älteren Dichtungen Beispiele von Syncope wie *verté = vérité, forment = fortement, durrai = durerai, menrai = menerai, honorrai = honorerai* etc. von Apocope wie *hom = homme, mont = monde, aim = aime, demant = demande, Achil = Achille* sich massenhaft finden, sind heute nur noch wenige Nebenformen gebräuchlich, unter denen besonders *encor*, und viele Eigennamen auf -es (*Londre, Charle*) häufig begegnen. Noch weniger zahlreich sind heute die umgekehrten Fälle der **Epenthese** und **Paragoge**, der Verlängerung eines Wortes durch Hineinschieben oder Anhängen eines Buchstabens; Fälle von Paragoge sind *guères, jusques, Marseilles:* Auch von dieser Freiheit machten die älteren Dichter einen weit umfassenderen Gebrauch. Formen wie *avecques, doncques, ores* begegnen nicht selten.

2. Das Silbenmaass.

Unter Silbenmass verstehe ich hier den verschiedenen Werth, den die einzelnen Silben in Bezug auf ihre rhythmische Geltung haben. Der Massstab für diese Werthbestimmung kann nun, wie allgemein bekannt ist, beim französischen Verse nicht wie bei den klassischen in der Quantität gefunden werden, die ja in der französischen Sprache nur eine ganz unbedeutende Rolle spielt; als Werthmesser ist der höhere oder geringere Grad der Betonung der einzelnen Silben, d. h. der Accent und zwar der natürliche

Wortaccent anzusehen. Die andern in der französischen Sprache auftretenden Accente kommen hier zwar auch in Betracht, nehmen aber nur eine untergeordnete Stellung ein. Die zu unterscheidenden Accentarten sind, abgesehen von den bloss die verschiedene Aussprache einzelner Vokale bezeichnenden Schriftzeichen (`, ´, ^):

1. der Wort- oder Hochton (accent tonique), der die letzte tönende Silbe des Wortes über die vorhergehende im Tone erhebt;

2. der Silben- oder Tiefton (accent d'appui), der, weil er im Gegensatz zu dem auf der letzten Silbe stehenden Wortton meistens auf der Stammsilbe des Wortes steht, vielfach mit dem Stammton zusammenfällt, wie er in mehreren südfranzösischen Dialecten, in Belgien und in der Schweiz, von germanischem Einfluss herrührend, gesprochen und auch in der gebildeten französischen Aussprache oft genug hörbar wird;

3. der Satzton (accent de la phrase), der die letzte tönende Silbe des Satzes über alle vorhergehenden im Ton erhebt;

4. der Redeton (accent oratoire), der aus rhetorischen Gründen die letzte Silbe irgend eines für den Zusammenhang besonders wichtigen Wortes über alle übrigen hervorhebt; er kann natürlich jedes Wort treffen.

Dass die stärkere oder schwächere Betonung der einzelnen Silben ihr rhythmischer Werthmesser sei, ist erst in verhältnissmässig später Zeit erkannt und anerkannt worden. Hat man auch das Vorhandensein des sog. Satztones wie in der Prosa so auch im Verse nie bestritten und wie immer die letzte tönende Silbe eines Satzes, so auch die letzte tönende Silbe eines Verses (beim Alexandriner auch des Halbverses) betont, so hat doch einmal der Umstand, dass in der französischen Umgangssprache der sog. Wortton nur wenig gehört wird, sowie andererseits der Umstand, dass man sich über den verschiedenen Werth der anderen, oben aufgezählten Accente nicht im Klaren war und sie vielfach mit einander vermischte, dahin geführt, dass man auch im Innern des Verses, resp. Halbverses von einem Accent nichts wissen

wollte und vielfach noch will und daher alle Silben mit gleicher
Betonung spricht, sie gleichwerthig hält. Wie diese Theorie
schon für die Prosa genau genommen nicht ganz richtig ist (man
denke nur an die grosse Anzahl einsilbiger Wörter mit tonlosem
e und die Inclinationsfähigkeit derselben sowie an den durchaus
nicht blos dialectisch auftretenden Accent auf der Stammsilbe),
so ist sie es erst recht nicht für die poetische Rede, deren Wesen
ja gerade auf einer Vergleichung der einzelnen Silben, also einer
Ungleichheit derselben im Ton, beruht. Nach dem Vorgange des
Italieners Scoppa (traité de la Poésie ital. rapportée à la poésie
franc. Paris 1803) und Quicherat's (traité de Versification
latine. Paris 1826) ist es besonders P. Ackermann gewesen, der
in seinem traité de l'Accent appliqué à la théorie de la versification, Paris und Berlin 1843 den Accent zum Princip des französischen Versrhythmus erhoben hat. Freilich spielt derselbe hier
bei Weitem nicht die wichtige Rolle, die er im deutschen Verse
hat, noch ersetzt er das quantitirende System der Alten. Die
französische Sprache hat zu viele tonunfähige Wörter, es fehlt ihr
der Nebenton, jene sog. absteigende Betonung des Deutschen, und
aus diesem Grunde kann das musikalische Element im französischen Verse nicht so sehr wie im klassischen und deutschen
zum Ausdruck kommen. Das logische Princip, nach welchem die
letzte Silbe derjenigen Wörter betont wird, die für den Sinn und
Zusammenhang des Verses die besonders wichtigen sind, bleibt
hier gewahrt und erfährt neben dem musikalischen seine Berück-
sichtigung. Wie es also einerseits falsch wäre, die französischen
Verse rein logisch nach dem Sinn wie Prosa zu lesen und auf
einen wohlklingenden Tonfall gar keine Rücksicht zu nehmen, so
ist es andrerseits ebenso falsch, sie rein musikalisch zu lesen,
entweder jambisch oder trochäisch. Nur bei Anerkennung und
richtiger Verschmelzung dieser beiden Principien zusammen ist
ein richtiges Lesen des Verses möglich. Für die Untersuchung
nun, welche Wörter im Verse höher zu betonen sind als die
andern, d. h. eine Hebung tragen können, ergiebt sich aus dem
Gesagten ein doppelter Gesichtspunct:

1. **der logische.** Die Hebungsfähigkeit der Wörter wird bestimmt durch ihre Bedeutung und ihre Wichtigkeit für den Zusammenhang.

2. **der musikalische.** Die Hebungsfähigkeit der Wörter wird bestimmt durch rhythmisch-euphonische Gründe.

Was den ersten Punct anbetrifft, so ist klar, dass alle Wörter, welche den Begriff eines Dinges, einer Beschaffenheit und einer Handlung enthalten, mit andern Worten das Substantivum, das Adjectivum und das Verb sowie die Interjection als Hauptbestandtheile des Satzes und als gewissermassen das Gerippe bildende Glieder an und für sich von der Wichtigkeit sind, dass sie eine Vershebung tragen können; dass dasselbe der Fall ist bei allen Pronoms disjoints, ergibt sich schon aus ihrer Vergleichung mit den Pronoms conjoints, die auch die Grammatik als tonlose von jenen als betonten unterscheidet. Hebungsfähig sind ferner die Mehrzahl der Adverbien, besonders die mehrsilbigen, sowie die zweiten Bestandtheile der Negationen *point*, *pas* etc., weil in einem negativen Satz ja gerade auf der Negation der grösste Nachdruck liegt, sie ausserdem im Gegensatz zum hebungsunfähigen *ne* etymologisch als eigentliche Substantiva anzusehen sind. Hebungsunfähig dagegen sind wegen ihrer geringen Bedeutung für den Zusammenhang alle einsilbigen, in enger Beziehung zu dem ihnen folgenden Wort stehenden Satzglieder, wie Artikel, Pronom conjoint, einsilbige Präpositionen und Hülfszeitwörter, Zahlwörter. Nun kann aber auch ein an und für sich nicht hebungsfähiges Wort doch bisweilen zum Tragen einer Hebung geeignet sein, wenn es nämlich durch eine besonders markirte Stellung im Satze jene Wichtigkeit erlangt, die ihm seiner Natur nach nicht zukommt. So z. B. das Relativpronomen oder eine Conjunction oder das Hülfsverb, wenn sie von den zu ihnen gehörigen Satztheilen durch Zwischenbestimmungen getrennt sind und daher auch schon in Prosa mit Nachdruck gesprochen werden, um den Zusammenhang nicht aus dem Gedächtniss zu verlieren:

das Relativpronomen:

> *Qui*, lorsqu'au Dieu du Nil le volage Israel
> Rendit dans le desert un culte criminel,
> De leurs plus chers parents saintement homicides,
> Consacrèrent leurs mains dans le sang des perfides;

die Conjunction:

> Je viens suivant l'usage antique et solennel
> Célébrer avec vous la fameuse journée
> *Où* sur le mont Sina la loi nous fut donnée;

oder:

> Comme *si*, dans le fond de ce vaste édifice,
> Dieu cachait un vengeur armé pour son supplice;

das Hülfsverb:

> Qu'il *soit* comme le fruit en naissant arraché;

ferner können natürlich Worte, die durch Einschliessung in Gänsefüsschen besonders hervorgehoben werden sollen, eine Vershebung tragen:

> Ah! sans un „*de*" j'aurais dû naître;

dass endlich auch der sog. rhetorische Accent einem tonlosen Worte Hebung verleihen kann, ist selbstverständlich.

Umgekehrt kann nun auch ein an und für sich hebungsfähiges Wort seine Wichtigkeit für den Zusammenhang und damit seine Hebung verlieren. Dies ist z. B. der Fall bei jedem ein- oder zweisilbigen Wort, welches einem andern einsilbigen, mit ihm in enger Beziehung stehenden Worte voraufgeht. In den Versen:

> En des jours ténébreux a changé ces beaux jours —
> Cependant je rends grâce au zèle officieux —
> Et, n'ayant de son vol que moi seul pour complice —

verlieren *beaux*, *rends*, *moi* ihre Hebung, weil sie mit den folgenden Worten *jours*, *grâce*, *seul* gewissermassen zu einem Begriff verschmolzen und diese die für den Zusammenhang wichtigsten sind. Eine Einschränkung, die diese Regel erfährt, wird weiter unten noch besprochen werden.

Was nun den zweiten Punct, die Hebungsfähigkeit der Wörter bestimmt durch rhythmisch-euphonische Rücksichten, betrifft, so sind die Fälle, in denen das oben dargelegte logische Betonungsprincip durch dieses musikalische modificirt wird, gar nicht so selten. Hierhin gehört zuerst der Fall, wo das Pronomen, wenn es seinem Verbum nachgesetzt wird, wie beim Imperativ und in der Frage, eine Hebung trägt, das Verbum die seinige aber verliert, unzweifelhaft aus dem Grunde, weil die beiden Wörter ihrer engen Verbindung wegen als ein Wort angesehen werden und demgemäss die Hebung auf das Pronomen als die letzte Silbe des Wortes fällt (donnez-*moi*, viendras-*tu*?); folgen dem Verbum zwei Pronomina, so rückt der Accent aus demselben Grunde auf das letzte, und das Verb nimmt ihn ebenfalls wieder (donn*ez*-le-*moi*); ausgenommen ist von dieser Regel das Pronomen *je*, das absolut tonunfähig ist wegen seines tonlosen e. Auch eine dem Verb unmittelbar folgende Negation hat den Verlust der Hebung für das Verb zur Folge (ne descends *pas*; il n'est *pas* généreux, nicht il *n'est* pas généreux); steht aber das Verb in der Frageform oder folgt auf die Negation ein hebungsfähiges einsilbiges Wort, so behält es seine Hebung und das folgende Wort verliert sie (ne des*cendez*-vous *pas*? ne des*cends* pas *là* !).

Als eine Rücksichtnahme auf den Wohlklang ist es ferner zu bezeichnen, wenn Zweisilbigkeit eines seiner Art nach hebungsunfähigen Wortes wie des Hülfsverbums, der Präposition, des Zahlworts demselben eine grössere Wichtigkeit und damit Hebung verleiht; in den Versen:

Par*mi* vos ennemis que venez-vous chercher? —

Où sont-ils? — Sur le champ tu se*ras* satisfaite —

Lorsque s'accomplira la deu*rième* semaine —

tragen die Wörter *parmi*, *seras* und *deuxième* Hebung. Jedoch wird man immer zu beachten haben, dass, wenn für den Rhythmus des Verses die Annahme einer Hebung nicht nöthig ist, solche Wörter besser ohne Hebung bleiben. Dasselbe gilt von einsilbigen Wörtern derselben Art. Auch diese können, falls der Vers zu viele Senkungen enthalten würde, eine Hebung tragen, wie man

z. B. in dem Verse: *c'est comme la cloche* gut thun wird, das Wort c'est mit Hebung zu sprechen; in dem Halbverse dagegen: *la loi nous fut donnée* bleibt fut besser ohne Hebung.

Alle Fälle nun, in welchen die Rücksicht auf Wohlklang und Rhythmus einem hebungsfähigen Worte die Hebung nimmt oder einem nicht hebungsfähigen Worte die Hebung gibt, lassen sich weder specificiren noch unter allgemeine Regeln bringen. Oft wird es dem subjectiven Ermessen des Vortragenden anheimgestellt bleiben, in welcher Weise er das logische Betonungsprincip mit dem musikalischen am besten verbindet; dabei wird er als allgemeine Richtschnur immer festhalten müssen, dass, wie wir schon zu Anfang dieses Abschnittes gesagt haben, zwar die wichtigsten Wörter des Verses hebungsfähig sind, aber deshalb nicht auch immer und unter allen Umständen eine Hebung tragen müssen, sondern sie aus verschiedenen Gründen bisweilen verlieren können, sowie, dass andererseits hebungsunfähige Wörter nun deshalb doch nicht immer ohne Hebung bleiben müssen, sondern aus denselben Gründen sie bisweilen annehmen können. Ein Punct verdient noch eine besondere Besprechung. Wie wird sich der oben erwähnte Fall, wo ein hebungsfähiges einsilbiges Wort die Hebung eines ihm voraufgehenden ein- oder zweisilbigen Wortes absorbirt, gestalten, sobald dieses voraufgehende Wort noch eine oder mehrere Senkungen vor sich hat? Soll man hier ebenso verfahren und z. B. lesen: port*ant* les nouveaux *fruits*; ose des premiers *temps*; la maison *crie*; leur troupeau *lourd*; il *loue* et bénit *Dieu*; mit Verlust der Hebung für *nouveaux*, *premiers*, *maison*, *troupeau*, *bénit*? Abgesehen davon, dass diese Wörter doch zu wichtig sind, als dass sie keine Hebung tragen sollten, würden sich auch die Senkungen zu sehr häufen. Oder soll man ihnen die Hebung lassen, so dass dann zwei Hebungen unmittelbar aufeinanderfolgen und die Gesetze des wohlklingenden Tonfalls verletzen? In solchen Fällen, glaube ich, wird man am besten thun, den Silben- oder Tiefton (accent d'appui) zu Hülfe zu nehmen und auch den Silben *nou-*, *pre-*, *mai-*, *trou-*, *bé-* Hebung zu geben, zwar nicht so, dass sie im Ton über die Endsilben

-veaux, -miers, -son, -peau, -nit zu erheben wären, sondern so dass eine Art schwebender Betonung eintritt, und auf diese Weise, indem man die beiden Silben mit gleich starkem Ton liest, der Widerstreit zwischen der Wortbetonung und den Ausprüchen eines rhythmischen Silbenfalles ausgeglichen wird, also: *portant les nouveaux fruits*, ose des *premiers temps*, la *maison crie*, leur *troupeau lourd* etc. Die Annahme einer solchen durch Heranziehung des accent d'appui entstehenden schwebenden Betonung scheint mir jedoch nicht zulässig zu sein, wenn die den beiden Hebungen voraufgehende Silbe nicht Stammsilbe ist oder wenn sie, obwohl Stammsilbe, ein tonloses e enthält. In: *a déshérité Jean* oder *ah! qu'il aimerait mieux* und *à peine un petit nombre* ist es natürlich ganz unmöglich, den Nichtstammsilben -*ri*- und -*me*- sowie der ein tonloses e enthaltenden Stammsilbe *pe*- den accent d'appui zu geben. Diese Verse haben einmal einen schlechten Rhythmus. ‾

II. Die Verstacte.

Da der Vers aus einer Anzahl betonter Silben besteht, um die herum sich die nicht betonten reihen, so entstehen verschiedene Gruppen von Silben, kleinste rhythmische Einheiten, die man Verstacte oder Metra nennt. Die Bestimmung dieser Tacte, d. h. die genaue Abgrenzung dessen, was rhythmisch enger zusammengehört, muss nun nach dem, was wir in der Einleitung sagten und was durch unseren vorigen Abschnitt über das Silbenmass noch bestätigt wurde, wesentlich andersartig sein als in den alten und den deutschen Versen. Da dem regelmässigen Rhythmus, der regelmässig wiederkehrenden Abwechselung starker und schwacher Zeittheile der Character der französischen Sprache entgegensteht, so ist es nicht ein bestimmtes Versschema, das jambische, trochäische oder ein anderes, nach welchem die Eintheilung der bestimmten Silbenzahl eines Verses in Tacte vorgenommen wird. Es liegt auch hier das logische Princip neben dem musikalischen zu Grunde. Das logische insofern, als die Tacte durch den Sinn bestimmt werden und alles, was dem Sinne nach zusammengehört, auch metrisch zusammengehört. Das Ende eines Tactes kann daher nie in die Mitte eines Wortes, sondern muss immer an das Ende desselben fallen, und man theilt nicht ab: *Célébrer | avec vous | la fameu|se journée*, sondern: *Célébrer | avec vous | la fameuse | journée.* Das musikalische insofern, als man bei der Bestimmung dessen, was dem Sinne nach zusammengehört oder nicht, sich auch wiederum durch rhythmische Gründe leiten lässt und z. B. die Worte: *la fameuse journée* nicht für einen einzigen Tact rechnen wird, sondern für zwei Tacte, obwohl zwischen allen dreien ein enger Sinneszusammenhang besteht. Im ersteren Falle würden wir einen Tact mit zwei Hebungen und mehreren (in diesem Falle 4) Senkungen erhalten, aus welchen sich zwei rhythmische Einheiten, d. h. zwei Verstacte bilden lassen, was geschieht, wenn man die beiden am engsten zusammengehörenden Wörter *la fameuse* als einen und *journée* als den zweiten Tact auffasst, also abtheilt: *la fameuse | journée.* Hinwiederum ist jedoch dadurch nicht ausgeschlossen, dass es nicht Tacte mit zwei Hebungen geben könne, ohne solche kann man überhaupt gar nicht auskommen: die Wörter *ce jeune roi* können trotz ihrer zwei Hebungen nur einen Tact bilden, da bei Annahme von zwei Tacten *ce jeune* den ersten, und das einsilbige Wort *roi* den zweiten bilden müsste, was aber schon nach dem Wesen des Tactes, der immer aus mehreren, im Ton ungleichen Silben bestehen muss, unmöglich ist. Schon jetzt ist ersichtlich, dass der französische Vers einen Reichthum und eine Mannigfaltigkeit von Tacten entwickelt hat, wie sie weder die alten Sprachen noch das Deutsche kennen: Tacte von 2—5, ja 6 und 7 Silben in unzähligen rhythmischen Gestaltungen wechseln in demselben ab. Diese wollen wir jetzt einzeln ihrem rhythmischen Character nach etwas genauer betrachten.

Zweisilbige Tacte sind entweder trochäisch oder jambisch (ai*mer* oder *aime*).

Dreisilbige bestehen entweder aus einer Hebung und zwei Senkungen oder aus zwei Hebungen und einer Senkung und können in folgenden Formen auftreten: ⌣ ⌣ ⌣́ (ador*er*, mon am*i*); ⌣ ⌣́ ⌣ (je *tremble*, sit*ôt* que); ⌣ ⌣ ⌣́ (*oui*, je *viens*, *peuple* in-grat). Schlecht sind alle andern Formen ⌣́ ⌣ ⌣ (*tous doiv*ent); ⌣́ ⌣ ⌣́ (*vous peur d'eux*); ⌣ ⌣́ ⌣́ (je *crains Dieu*), da das Auf-einanderfolgen mehrerer Hebungen dem Wesen des Rhythmus widerspricht. Die einzige Form, die rhythmisch noch möglich wäre, nämlich die dactylische (⌣́ ⌣ ⌣) kann im französischen Verse nicht vorkommen, da sie gegen das Betonungsprincip der französischen Sprache verstösst, das ja jambischen und anapästi-schen Character hat.

Viersilbige Tacte bestehen entweder 1. aus einer Hebung und drei Senkungen in der Form ⌣ ⌣ ⌣́ ⌣ (la trom*pette*, et blas*phè*ment) und in der weniger rhythmischen, weil sich schon mehr der Prosa nähernden, aber doch sehr häufig vorkommenden Form ⌣ ⌣ ⌣ ⌣́ (d'adora*teurs*, et solen*nel*, initi*er*, de l'uni*vers*); die Formen ⌣ ⌣́ ⌣ ⌣ und ⌣́ ⌣ ⌣ ⌣ sind dem Betonungsprincip der französischen Sprache entgegen, also unmöglich; oder 2. aus zwei Hebungen und zwei Senkungen in den Formen ⌣́ ⌣ ⌣́ ⌣ (*toute chose*, *grande reine*), ⌣ ⌣́ ⌣ ⌣́ (ce *jeune roi*, le *peuple saint*), ⌣́ ⌣ ⌣ ⌣́ (*montre* un ou*bli*, *où* sur le *mont*). Die Formen, in welchen zwei Hebungen unmittelbar auf einander folgen, sind unrhythmisch ⌣́ ⌣́ ⌣ ⌣, ⌣ ⌣́ ⌣́ ⌣, ⌣ ⌣ ⌣́ ⌣́.

Die fünf- und mehrsilbigen Tacte sind, obwohl sie im Innern vollkommen rhythmisch gebaut sein können, doch in Bezug auf ihren Werth für den Versrhythmus den kürzeren Tacten nicht gleichzustellen. Eine Wiederkehr, eine Wiederholung, die doch für den Rhythmus wesentlich ist, kann bei langen Verstacten nicht stattfinden; sie werden oft einen ganzen Vers oder Halbvers ausfüllen, und eine gewisse Monotonie muss nothwendig da ein-treten, wo dieser Fall zu oft vorkommt. Von den theoretisch denkbaren Formen des fünfsilbigen Tactes sind bei einer Hebung die Formen ⌣́ ⌣ ⌣ ⌣ ⌣, ⌣ ⌣́ ⌣ ⌣ ⌣, ⌣ ⌣ ⌣́ ⌣ ⌣ sprachlich unmöglich nach dem früher Bemerkten; ⌣ ⌣ ⌣ ⌣́ ⌣ (labor*ieuse*, ils se souv*inrent*) und ⌣ ⌣ ⌣ ⌣ ⌣́ (où nous les nar-*guons*) rhythmisch schlecht wegen der vielen Senkungen; bei zwei

Hebungen ist die trochäisch-dactylische Form ⏑ ⏑ ⏑ ⏑ ⏑ sprachlich unmöglich; von den übrigen sind gut ⏑ ⏑ ⏑ ⏑ ⏑ (*semble
un nu*age, *Quoi*! tu l'ex*cuses*?), ⏑ ⏑ ⏑ ⏑ ⏑ (n'enten*dez*-vous *pas*?),
⏑ ⏑ ⏑ ⏑ ⏑ (la *même ch*ose), ⏑ ⏑ ⏑ ⏑ ⏑ (la· *même* rai*son*);
auch die Form ⏑ ⏑ ⏑ ⏑ ⏑ (*ah*! je vous con*nais*!, *Quoi*! ce que
le *temps*) begegnet trotz der drei aufeinanderfolgenden Senkungen
sehr häufig. Sechssilbige Tacte sind bei einer Hebung natürlich ebenfalls vollständig unrhythmisch wie je leur déclare*rai*, de
ma philoso*phie*. Beispiele derselben mit zwei und mehr Hebungen
sind: *tremble* à déraci*ner*; ne descen*dez*-vous *pas*?; avec le *même*
z*èle*; à ne vous *rien* ca*cher*; *li*vre en mes *fai*bles *mains*.

III. Das Versganze und die Versarten.

I. Das Versganze.

Der Vers setzt sich zusammen aus Verstacten, deren Anzahl
und Character jedoch nicht durch ein bestimmtes Versschema
vorgeschrieben ist. Während die Anzahl nur insofern sich in gewissen Grenzen hält, als kürzere Verse im Allgemeinen weniger,
längere mehr Tacte enthalten, bewegt sich der rhythmische Character der einzelnen Tacte in fast schrankenloser Freiheit. Die
grosse, alle andern Sprachen weit übertreffende Mannigfaltigkeit
an Verstacten, die wir oben kennen gelernt haben, verleiht natürlich auch den verschiedenen möglichen Verbindungen dieser Tacte
zu Versen eine noch viel grössere rhythmische Mannigfaltigkeit,
die freilich eben aus diesem Grunde auch eine weniger bestimmte
und regelmässige ist. Je kürzer die Verse, um so weniger Abwechselung im Rhythmus, je länger die Verse, um so grössere
Mannigfaltigkeit, aber auch zugleich um so grössere Unbestimmtheit
und Regellosigkeit im Rhythmus, welche bisweilen dahin führen
kann, dass man den Vers kaum noch als ein rhythmisches Ganzes,
als Einheit erkennt. Diesem Mangel nun der längeren Verse
wird durch gewisse Mittel abgeholfen. Als solche haben wir zu
betrachten:

   1. Die Vermeidung des Emjambement. Unter Emjam-

bement versteht man das „Ueberhüpfen" des Sinnes aus dem einen Verse in den andern; eine solche, dem Sinne nach vorhandene zu enge Verbindung zweier Verse stört die Einheit des einzelnen, der wie der Form so auch dem Inhalt nach zu einem gewissen Abschluss gelangen soll. Ein Beispiel eines Emjambement liefert Corneille im Clitandre:

> Et la justice à tous est injuste, *de sorte*
> *Que* la pitié me doït leur faire ouvrir la porte.

Gestattet ist das Emjambement besonders in zwei Fällen *a*) wenn das in den folgenden Vers hinüberspringende Wort einen Zusatz hat, der diesen Vers ganz ausfüllt:

> Oui, j'accorde qu'Auguste a droit *de conserver*
> *L'empire, où sa vertu l'a fait seul arriver*

b) im Fall der Aposiopese, d. h. wo eine plötzliche Unterbrechung des Gedankens eintritt:

> Est-ce un frère? est-ce vous dont la témérité
> S'imagine . . . . Apaisez ce courage irrité!

Diese Regeln, die, wie schon oben gesagt, in diesem Umfange für grössere Verse, besonders den Alexandriner gelten, in kleineren wie dem Sechs-, Sieben- und Achtsilbler nicht so streng und in noch kleineren gar nicht beobachtet werden, waren schon in der älteren französischen Poesie in ziemlich allgemeiner Geltung; dann, im 16. Jahrhundert (Ronsard) besonders durch den Einfluss des antiken Hexameters vernachlässigt, wurden sie erst seit Malherbe wieder strenge befolgt; die neuere romantische Schule kehrt sich nicht daran, sieht im Gegentheil im Emjambement ein Mittel, dem französischen Verse mehr Leben zu verleihen. Man findet nicht selten Fälle wie:

> Car ses cheveux sont noirs! car son oeil reluit *comme*
> *Le tien.* Tu peux le voir et dire: Ce jeune homme.

2. Ein anderes für eine klare Gliederung des Verses recht wirksames Mittel ist die Beobachtung der Caesur, d. h. einer durch den Sinn gegebenen Pause innerhalb des Verses, durch welche dieser in zwei Theile getheilt wird. Sie ist nothwen-

diges Erforderniss bei zehn- und zwölfsilbigen Versen. Aus dem
Wesen der Caesur als einer Sinnespause ergiebt sich, dass vor
derselben ein Versfuss zu Ende sein muss, dass daher Verse wie:

      Quand l'entrée est mauvai | se du bien spirital

(Jean de Meung)

oder:

      Sur les ailes des a | mours elles sont parties

schlecht sind: es ergiebt sich daraus ferner, dass eng zusammen-
gehörende Wörter wie das Substantiv mit seinem Artikel oder
Pronomen oder Adjectiv oder Zahlwort, das Verbum mit seinem
Object, das Hülfsverbum mit seinem Particip nicht von einander
getrennt werden dürfen, abgesehen von dem früher schon er-
wähnten Fall, wo das im zweiten Halbvers stehende Wort eine
Ergänzung bei sich hat, die diesen zweiten Halbvers ausfüllt.
Schlecht daher:

      Et la preuve est que mon | professeur s'est noyé. —

oder:

      Bah! mes vingt ans n'étaient | pas encore révolus. -

noch schlimmer:

      Sur les ailes des a | mours elles sont parties. —

Erlaubt dagegen:

      J'y suis encor malgré | tes infidélités. —

oder:

      As tu tranché le cours | d'une si belle vie? —

    Die letzte, vor der Caesur stehende Silbe muss eine Hebung
tragen, stummes *e* ist hier nur dann erlaubt, wenn es vor folgendem Vokal elidirt werden kann wie:

      Oui, je viens dans son temple | adorer l'Éternel;

das stumme e in *aient, soient* und der Imperfect- und Conditionalendung *-aient* ist, da es mit dem vorangehenden *ai* eine Silbe
bildet, also in der Hebung steht, natürlich ebenfalls vor der Caesur
zulässig. Zwischen der Caesur und der Schlusshebung, also innerhalb des zweiten Halbverses, darf sich keine Hebung befinden,
die stärker wäre, als die Caesurhebung, da dadurch ja eine zu
enge Verbindung der beiden Vershälften entstände und die Gliede-

rung zerstört würde. Verstösse gegen die Beobachtung der Caesur in dem angegebenen Umfange kommen natürlich häufiger vor als gegen die Vermeidung des Emjambement, da die Pause im Verse nicht so scharf hervortritt wie am Ende.

II. Die Versarten.

Das Unterscheidungsmerkmal der französischen Versarten ist nicht ihr verschiedener Rhythmus, da bei dem Fehlen des quantitirenden sowie des rein accentuirenden Princips ein regelmässiger Rhythmus nicht möglich ist, sondern der erste Vers einer isometrischen Strophe vielleicht vier Hebungen, der andere nur zwei, der dritte drei, der vierte wieder zwei trägt und so ohne bestimmte Ordnung weiter, sondern es ist die Länge der Verse, d. h. die Anzahl der Silben. Denn während der auf dem Wechsel von Hebung und Senkung beruhende Rhythmus in allen Versen ein verschiedener sein kann und gewöhnlich ist, ist das rhythmische Princip der bestimmten Silbenzahl etwas Gleichbleibendes, ein Merkmal, an dem man die verschiedenen Verse von einander unterscheiden kann; dabei wird natürlich ein stummes e am Ende des Verses nicht mitgezählt, da der Vers mit der letzten betonten, reimbildenden Silbe seinen Abschluss gefunden hat. Wenn man nun auch das Minimum der Silben eines Verses bestimmen kann und sagen, dass der kleinste Vers einen Fuss, also mindestens zwei Silben enthält, so lässt sich andererseits der Maximalsatz theoretisch nicht festsetzen; hier können wir uns nur an die Praxis halten, und da ist als grösster Vers der Zwölfsilbler zu bezeichnen; denn obwohl man Verse bis zu sechzehn Silben gebildet hat, so begegnen dieselben doch zu selten, als dass sie in der Dichtung zu irgend welcher Bedeutung gelangt wären. Wir betrachten daher im Folgenden die innerhalb der Zahl von zwei bis zwölf Silben sich bewegenden Versarten und zwar sowohl in Bezug auf ihren verschiedenen rhythmischen Character als in Bezug auf den Ort und die Zeit ihrer hauptsächlichen Verwendung.

Der zweisilbige Vers muss immer jambischen Rhythmus haben, also ‿ ‿:

Hugo, les Djinns:

> Murs, *ville**)
>
> Et *port*,
>
> Asile
>
> De *mort*,
>
> Mer *grise*,
>
> Où *brise*
>
> La *brise*;
>
> Tout *dort*.

Der dreisilbige Vers kann nur einen Tact enthalten, der entweder anapästisch ‿ ‿ ‿ ist, oder dessen erste und letzte Silbe eine Hebung trägt ‿ ‿ ‿:

> Ibd.:   Dans la *plaine*
>
> *Naît* un *bruit*.
>
> C'est l'ha*leine*
>
> Da la *nuit*.
>
> Elle *brame*
>
> Comme une *âme*
>
> Qu'une *flamme*
>
> *Toujours* suit.

Der viersilbige Vers kann aus einem oder aus zwei Tacten bestehen und demnach folgende Formen haben: ‿ ‿ ‿ ‿ (c'est le *galop*); ‿ ‿ ‿ ‿ (*semble* un gre*lot*); ‿ ‿ ‿ ‿ (ce *jeune roi*); ‿ ‿ | ‿ ‿ (*marche* | toujours); ‿ ‿ | ‿ ‿ (il *fuit*, | s'élance).

> Ibd: La *voix* | plus *haute*
>
> *Sem*ble un gre*lot*. —
>
> D'un *nain* | qui *saute*
>
> C'est le ga*lop*:
>
> Il *fuit*, | s'*élance*,
>
> *Puis* en ca*dence*
>
> Sur un *pied danse***)
>
> Au *bout* | d'un *flot*.

---

*) Wenn man nicht murs als Senkung lesen will, erhält man den unrhythmischen Tact ‿ ‿.

**) Diese Form ‿ ‿ ‿ ‿ ist schlecht rhythmisch.

Für den fünfsilbigen Vers und die längeren ergeben sich natürlich noch mehr Variationen, die sich nach dem, was früher über die Versfüsse gesagt ist, mit Leichtigkeit zusammenstellen lassen. Beispiele sind:

Ibd. (fünfsilbig):

> La *rumeur* | approche;
> L'*écho* | la re*dit.*
> *C'est* comme la *cloche*
> D'un cou*vent* | mau*dit*; —
> Comme un *bruit* | de *fou*le,
> Qui *tonne* | et qui *rou*le,
> Et tan*tôt* | s'écroule
> Et tan*tôt* | gran*dit.*

Ibd. (sechssilbig):

> *Dieu!* la *voix* | sépul*crale*
> Des *Djinns* ...! | Quel *bruit* | ils *font!*
> Fu*yons* | sous la spi*rale*
> De l'esca*lier* | pro*fond!*
> Déjà s'é*teint* | ma *lampe*;
> Et l'*ombre* | de la *rampe*,
> Qui le *long* | du *mur rampe*,
> *Monte* | jusqu'au pla*fond.*

Ibd. (siebensilbig):

> C'est l'es*saim* | des *Djinns* | qui *passe*,
> Et tourbil*lonne* | en sif*flant.*
> Les *ifs,* | que leur *vol* | fra*casse*,
> *Cra*quent | comme un *pin* | brû*lant.*
> Leur *troupeau lourd* | et rapide.
> Vo*lant* | dans l'espace *vide*
> *Semble* un nu*age* | li*vide*
> Qui *porte* | un é*clair* | au *flanc.*

Von den bisher namhaft gemachten Versen werden die kürzeren, zwei-, drei- und viersilbigen, fast nur in gemischten Strophen angewendet; die längeren, sechs- und siebensilbigen,

bilden aber auch, besonders in der alten Zeit, nicht selten iso-
metrische Strophen.

Der achtsilbige Vers, den wir schon in den ältesten
romanischen Denkmälern finden (vgl. Passion du Christ und
Vie de St. Léger), scheint anfangs besonders in kirchlichen
Liedern, Heiligenlegenden und Lehrgedichten benutzt worden zu
sein, wurde dann aber der epische Vers des ritterlichen Mittelalters κατ' ἐξοχήν, besonders des kunstmässigen Ritterepos; auch
die Fabliaux und Lais zeigen ihn. Seine Aehnlichkeit mit dem vier-
mal gehobenen Verse der mittelhochdeutschen Ritterepen springt
in die Augen. Vgl. Chrétien, cheval.: Lors s'an parti, si la laissa
und Hartm. Iwein: Sus stúont sî úf und gíenc dán. In neuerer
Zeit findet man ihn vorzugsweise als lyrischen Vers angewendet.

Ibd.　　Ils *sont* | tout *près*! — | Tenons | fermée
　　　　Cette *salle* | où nous les nar*guons**).
　　　　Quel *bruit* | de*hors*! | hid*euse* | ar*mée*
　　　　De vam*pires* | et de dra*gons*!
　　　　La *poutre* | du *toit* | descel*lée*
　　　　Ploie ain*si* | qu'une *herbe* | mouil*lée*;
　　　　Et la *vieille* | *porte* | rouil*lée*,
　　　　Tremble, à déracin*er* | ses *gonds*!

Der neunsilbige Vers ist in unserer Reihenfolge der erste
der längeren Verse, die regelmässig eine Caesur haben, und zwar
nimmt derselbe sie gewöhnlich nach der dritten Silbe. Vgl.
Béranger, le carillonneur:

　　　　La ma*man* ‖ et gail*larde* | et jo*lie*;
　　　　Mais l'é*poux* ‖ est catarr*heux*;
　　　　Sur son *compte* ‖ il *sait* | ce qu'on pub*lie*
　　　　Sonnons *fort*: ‖ il n'est *pas* | géné*reux*.

sehr selten nach der 4. Silbe wie bei Sedaine:

　　　　Je n'aimais pas ‖ le ta*bac* | beau*coup*
　　　　J'en prenais peu ‖ sou*vent* | point du *tout*:
　　　　Mais mon ma*ri* ‖ me dé*fend* | ce*la*.

---

*) Die Form ⏑ ⏑ ⏑ ⏑ ⏑ schlecht rhythmisch.

Der zehnsilbige Vers hat in älterer Zeit eine viel grössere Rolle gespielt als heute. Er war der Vers des nationalen Epos und führt daher auch den Namen heroischer Vers (vers héroïque): das provenzalische Boethiuslied und der Girartz de Rosillon sowie das französische Alexius- und das Rolandslied zeigen ihn. Doch tritt schon zu Anfang des 12. Jahrhunderts der Zwölfsilbler neben ihm auf und verdrängt ihn im 13. Jahrhundert; doch nicht so sehr, dass er nicht im 14. Jahrhundert wieder sehr häufig angewandt worden wäre: hier feierte er seine zweite Blüthezeit. Aus dem Epos drang er in die Lyrik ein und wie ihn schon früher provenzalische Troubadours gebraucht hatten, so wurde er später in den lyrischen Gedichten von Eustache Deschamps und J. Marot (14. und 15. Jahrhundert) vielfach angewandt. Im 16. Jahrhundert gewann besonders durch Ronsard, obwohl derselbe seine Franciade noch in Zehnsilblern dichtete, der zwölfsilbige Vers wieder die Oberhand, der heute im Epos sowohl als im Drama fast ausschliesslich im Gebrauch ist. Den Character der grösseren Lebendigkeit verdankt der Zehnsilbler seiner Eintheilung in zwei ungleiche Halbverse; die Caesur findet sich gewöhnlich nach der vierten Silbe. Vgl. V. Hugo, les Djinns:

Cris de l'enfer! ‖ voix qui hurle | et qui pleure!
L'horrible | essaim, ‖ poussé | par l'aquilon,
Sans doute, | o ciel! ‖ s'abat | sur ma demeure.
Le mur | fléchit ‖ sous le noir | bataillon!
La maison crie ‖ et chancelle | penchée,
Et l'on dirait ‖ que, du sol | arrachée,
Ainsi | qu'il chasse ‖ une feuille | séchée,
Le vent | la roule ‖ avec leur tourbillon!

Seltener steht die Caesur nach der fünften Silbe wie bei Delavigne:

Quand devant son trône ‖ il m'a vu | paraître
Que veut | un ingrat, ‖ m'a crié | ton maître.
J'ai dit: | cet ingrat ‖ vous offre | aujourd'hui
Les forts | et châteaux ‖ conquis | par sa lance.

Noch seltener heute nach der sechsten Silbe. Aus alter Zeit ist

hier als Beispiel der provenzalische Roman Girartz de Rossillon
zu nennen:

> Era s'en vai Girartz || engal soleilh
> Per un estreh semdier || lat un caumelh,
> E trobet una fon || desot un telh
> E colget si a l'umbra || per lo soleilh; etc.

Den elfsilbigen Vers als einen im Ganzen selten und
dann meist mit andern Versen vermischt vorkommenden über-
gehend, wenden wir uns zu derjenigen Versart, die, weil sie in
den modernen Dichtungen der Franzosen am meisten begegnet,
eine etwas eingehendere Betrachtung erfordert.

Der zwölfsilbige Vers, bekannt unter dem Namen
Alexandriner (von dem Roman d'Alixandre aus dem 12. Jahrhundert, in dem er zuerst in grösserem Massstabe auftrat, so ge-
nannt), kommt in alter Zeit in lyrischen Gedichten nicht, vor,
bisweilen in Heiligenlegenden und poetischen Erzählungen er-
baulichen Inhalts; über seinen Wettstreit mit dem Zehnsilbler ist
vorhin das Nöthige gesagt; hier fügen wir nur hinzu, dass er im
17. Jahrhundert sich in der Tragödie und darauf auch besonders
durch den Einfluss Molière's in der Komödie festsetzte, so dass
er heute fast in allen Dichtungsarten vorkommt, im Epos und
Drama aber die unbestrittene Herrschaft behauptet. — Der
Alexandriner duldet wie alle Verse hinter der zwölften betonten
Silbe ein stummes e; er zerfällt durch die nach der betonten
sechsten Silbe eintretende Caesur in zwei gleiche Vershälften
(Halbverse, hémistiches). Jeder der beiden Halbverse trägt auf
der letzten betonten Silbe eine feststehende Hebung (accent fixe)
und zwar eine stärkere auf der zwölften als auf der sechsten
Silbe, da sonst das Verbot des Emjambement, d. h. die Verseinheit
nicht genügend gewahrt würde. Ausser diesen beiden festen
Hebungen hat der gut gebaute Alexandriner noch mehrere bewegliche Hebungen (accents mobiles, weil sie keine bestimmte
Stelle im Verse haben), die sich auf die beiden Halbverse, sei es
gleichmässig, sei es ungleichmässig, vertheilen. Die Anzahl derselben lässt sich nicht bestimmt angeben, da sie sich nach der

Anzahl der Verstacte, die ja eine verschiedene sein kann, richtet. Nur so viel kann man im Allgemeinen sagen, dass zu wenig bewegliche Hebungen den Vers schleppend, zu viele ihn hart machen. Die Anordnung der Silben muss eine solche sein, dass durch eine angemessene Abwechselung von Hebungen und Senkungen ein angenehmer Rhythmus oder Silbenfall erzeugt wird: weder dürfen zwei Hebungen auf einander folgen, noch zu viele Senkungen. Aehnliche Anforderungen sind in Bezug auf die Anzahl der Versfüsse zu stellen: Alexandriner, die nur aus zwei Füssen bestehen, sind schlecht, da sie fast als zwei Verse von je sechs Silben erscheinen und so ermüdend und eintönig wirken; solche, die aus sieben und mehr Füssen bestehen, hart, weil in diesem Falle mehrere Hebungen unmittelbar auf einander folgen. Den ersten Fehler zeigen Verse wie:

> Je le devine*rai* | si tu ne le dis *pas*. —
> Ne me remercie*z* | ni ne m'applaudisse*z*! —

in den zweiten entgegengesetzten Fehler verfallen, freilich absichtlich, die Dichter der romantischen Schule sehr oft; so z. B. Hugo:

> All*ons*! *Ah*! mau*dit soit* | le *jour* où je lui *plus*! —

Das Gute liegt auch hier in der Mitte, und gerade diese dem Dichter innerhalb gewisser Schranken gegebene Freiheit, mit dem Rhythmus der einzelnen auf einanderfolgenden Verse zu wechseln, giebt dem französischen Alexandriner einen bedeutenden Vorzug vor dem deutschen. Theils um zu zeigen, dass dieses Versmass ein äusserst lebendiges und wechselvolles Bild liefert und durchaus nichts von jener Langweiligkeit und Monotonie hat, deretwegen es bei den Deutschen so in Verruf steht (weil sie ihn nämlich falsch lesen), theils um damit eine Art Probir- und Lesestücke für unsere bisherigen Erörterungen zu geben, habe ich eine längere Stelle, den Anfang von Racine's Athalie, hergesetzt:

1. *Oui*, je *viens* | dans son *temple* ‖ ado*rer* | l'Eter*nel*;
2. Je *viens*, | sui*vant* l'u*sage* ‖ an*tique* | et solen*nel*,
3. Célé*brer* | avec *vous* ‖ la fa*meuse* | jour*née*
4. *Où* sur le *mont* | Sina ‖ la *loi* | nous fut don*née*.

5. Que les *temps* | sont chang*és*! || Sitôt que | de ce *jour*

6. La trompe*tte* | sac*rée* || annonç*ait* | le re*tour*:

7. Du *temple*, | or*né* par*tout* || de fes*tons* | ·agni*fi*ques,

8. Le *peuple saint* | en *foule* || inond*ait* | les portiques;

9. Et *tous*, | de*vant* l'au*tel* || avec *ordre* | introd*uits*,

10. De leurs *champs* | dans leurs *mains* || port*ant* | les *nouveaux*
    fruits,

11. Au *Dieu* de l'uni*vers* || consa*craient* | ces pré*mices*:

12. Les *prê*tres | ne pou*vaient* || suf*fire* | aux sacri*fices*.

13. L'aud*ace* | d'une *femme* || arrêt*ant* | ce concours,

14. En des *jours* | téné*breux* || a chan*gé* | ces beaux *jours*.

15. D'adora*teurs* | zé*lés* || à *peine* | un pe*tit nombre*

16. *Ose* | des *premiers temps* || nous retra*cer* | quelque *ombre*.

17. Le *reste* | pour son *Dieu* || montre un ou*bli* | *fatal*;

18. Ou *mê*me, | s'empress*ant* || aux au*tels* | de Ba*al*,

19. Se *fait* | init*ier* || à ses hon*teux* | mys*tères*

20. Et blasph*è*ment | le *nom* || qu'ont invo*qué* | leurs *pères*.

21. Je *tremble* | qu'Atha*lie*, || à ne vous *rien* ca*cher*,

22. Vous-*mê*me | de l'au*tel* || vous fais*ant* | arra*cher*,

23. N'ach*ève* | en*fin* | sur *vous* || ses vengeances | fun*estes*,

24. *Et* d'un *respect* | for*cé* || ne dépou*ille* | les *restes*.

1. ⌣ ⌣ ⌣ | ⌣ ⌣ ⌣ || ⌣ ⌣ ⌣ | ⌣ ⌣ ⌣
2. ⌣ ⌣ | ⌣ ⌣ ⌣ ⌣ || ⌣ ⌣ ⌣ | ⌣ ⌣ ⌣
3. ⌣ ⌣ ⌣ | ⌣ ⌣ ⌣ ⌣ || ⌣ ⌣ ⌣ ⌣ | ⌣ ⌣ ⌣
4. ⌣ ⌣ ⌣ ⌣ | ⌣ ⌣ ⌣ || ⌣ ⌣ ⌣ | ⌣ ⌣ ⌣ ⌣
5. ⌣ ⌣ ⌣ | ⌣ ⌣ ⌣ || ⌣ ⌣ ⌣ | ⌣ ⌣ ⌣
6. ⌣ ⌣ ⌣ ⌣ | ⌣ ⌣ ⌣ || ⌣ ⌣ ⌣ | ⌣ ⌣ ⌣
7. ⌣ ⌣ | ⌣ ⌣ ⌣ ⌣ || ⌣ ⌣ ⌣ | ⌣ ⌣ ⌣
8. ⌣ ⌣ ⌣ | ⌣ ⌣ ⌣ || ⌣ ⌣ ⌣ | ⌣ ⌣ ⌣
9. ⌣ ⌣ | ⌣ ⌣ ⌣ ⌣ || ⌣ ⌣ ⌣ | ⌣ ⌣ ⌣
10. ⌣ ⌣ ⌣ | ⌣ ⌣ ⌣ || ⌣ ⌣ ⌣ | ⌣ ⌣ ⌣
11. ⌣ ⌣ | ⌣ ⌣ ⌣ ⌣ || ⌣ ⌣ ⌣ | ⌣ ⌣ ⌣
12. ⌣ ⌣ ⌣ | ⌣ ⌣ ⌣ ⌣ || ⌣ ⌣ ⌣ | ⌣ ⌣ ⌣
13. ⌣ ⌣ ⌣ | ⌣ ⌣ ⌣ ⌣ || ⌣ ⌣ ⌣ | ⌣ ⌣ ⌣

14. ∪ ∪́ ∪ | ∪ ∪ ∪́ ‖ ∪ ∪ ∪́ | ∪ ∪ ∪́ |
15. ∪ ∪́ ∪ ∪́ | ∪ ∪́ ‖ ∪ ∪́ | ∪ ∪ ∪́ ∪
16. ∪́ ∪́ ∪ | ∪ ∪ ∪ ∪́ ‖ ∪ ∪ ∪ ∪́ | ∪ ∪
17. ∪ ∪́ ∪ | ∪ ∪ ∪́ ‖ ∪ ∪ ∪ ∪́ | ∪ ∪
18. ∪ ∪́ ∪ | ∪ ∪ ∪́ ‖ ∪ ∪ ∪́ | ∪ ∪ ∪́
19. ∪ ∪́ | ∪ ∪ ∪ ∪́ ‖ ∪ ∪ ∪ ∪́ | ∪ ∪
20. ∪ ∪ ∪́ ∪ | ∪ ∪́ ‖ ∪ ∪ ∪ ∪́ | ∪ ∪
21. ∪ ∪́ ∪ | ∪ ∪ ∪ ∪́ ‖ ∪ ∪ ∪ ∪́
22. ∪ ∪́ ∪ | ∪ ∪ ∪́ ‖ ∪ ∪́ | ∪ ∪ ∪́
23. ∪ ∪́ | ∪ ∪́ | ∪ ∪́ ‖ ∪ ∪ ∪ ∪ | ∪ ∪́
24. ∪́ ∪ ∪ ∪́ | ∪ ∪ ∪́ ‖ ∪ ∪ ∪ ∪́ ∪ | ∪ ∪́.

In Betreff einiger Puncte kann man vielleicht auch anderer Ansicht sein: so lässt sich v. 9 *orné partout* auch als ein Tact, und v. 23 *n'achève enfin* auch als zwei Tacte auffassen. Die Betonung der gewöhnlich hebungsunfähigen Wörtchen *où* (v. 4) und *et* (v. 24) scheint mir durch den Umstand geboten zu sein, dass dieselben durch Zwischenbestimmungen von ihrem Verbum getrennt und daher mit mehr Nachdruck zu sprechen sind. In v. 10 und v. 16 lässt sich der schlechte Rhythmus einigermassen vermeiden, wenn man mit Zuhülfenahme des accent d'appui für *nouveaux* und *premiers* schwebende Betonung eintreten lässt; unmöglich ist die Annahme einer solchen jedoch in v. 15, wo wir die schlecht rhythmische Form ∪ ∪ ∪́ ∪́ (un *petit nombre*) haben.

Zur Bestätigung des in einem früheren Abschnitt über die Verstacte Gesagten mögen folgende den Character der einzelnen Tacte in den obigen Versen betreffenden Angaben dienen. Die grosse Mehrzahl derselben sind zwei- und dreisilbig, nämlich 27 resp. 47; viersilbig sind 24, fünfsilbig kein, sechssilbig ein Tact. Die zweisilbigen haben mit Ausnahme eines Trochäus (v. 16) sämmtlich jambische Form, die dreisilbigen mit Ausnahme von sieben, welche die Form ∪ ∪́ ∪, und einem, welcher die Form ∪ ∪ ∪́ zeigt, alle anapästischen Character; von den viersilbigen haben zehn die Form ∪ ∪ ∪ ∪́, fünf ∪ ∪ ∪́ ∪, drei ∪́ ∪ ∪ ∪́, drei ∪ ∪́ ∪ ∪́, zwei ∪ ∪́ ∪́ ∪́, und einer die schlecht rhythmische ∪ ∪ ∪́ ∪́.

Was die Anzahl der Tacte und der Hebungen in den einzelnen Versen betrifft, so zeigen die grosse Mehrzahl der Verse vier Tacte bis auf v. 22, der drei, und v. 23 der fünf Tacte hat, und, ziemlich gleichmässig vertheilt, vier oder fünf Hebungen. Aber trotz der gleichen Anzahl Tacte und der gleichen Anzahl Hebungen haben doch die betreffenden Verse fast durchweg einen verschiedenen Rhythmus; nur zwei Gruppen von zusammen sieben Versen finden sich, in denen ein gleicher Rhythmus herrscht; in v. 7, 8, 9, 23 haben wir in der ersten Hälfte jambischen, in der zweiten Hälfte anapästischen Character und in v. 3, 6, 14 haben wir vier reine Anapästen, die sich aber dadurch wieder von einander unterscheiden, dass ihre Vertheilung auf die vier Verstacte eine verschiedene ist und nur in v. 14 die einzelnen Anapästen mit den einzelnen Verstacten zusammenfallen; absolut gleichen Bau haben nur drei Verse, v. 13, 18 und 22. — Die Constatirung dieser Einzelheiten scheint mir nicht nur an und für sich interessant, sondern auch deshalb wichtig, weil dadurch die Behauptung von der Langweiligkeit und Monotonie des französischen Alexandriners sich als eine aus Unwissenheit hervorgegangene Redensart ohne thatsächlichen Untergrund dokumentirt.

Ich möchte diesen Abschnitt nicht schliessen, ohne auf die trefflichen Worte hingewiesen zu haben, mit denen Barbieux (Programm des Gymnasiums zu Hadamar, 1853) sich über den Rhythmus des französischen Verses auslässt. Nachdem er die Worte Ancillon's citirt hat: „Une harmonie qui ne recevrait pas son caractère du mouvement des pensées et des passions, mais de combinaisons purement musicales des mots, serait une harmonie froide et stérile; elle parlerait à l'oreille, mais elle ne dirait rien à l'imagination et au coeur“, fährt er fort: „C'est de la combinaison des deux accents fixes avec ceux qui proviennent du mouvement de la pensée, jointe à l'observation des césures et de la rime que se formera un système de versification mixte, non proprement *métrique,* mais *rhythmique* qui, étant fondé non sur les principes des langues *quantitaires,* mais sur ceux de la langue nationale, ramènera la langue française sous la bannière qui rallie toutes ses soeurs, et que les législateurs du language n'auraient jamais dû déserter. Ce système, une fois généralement reçu, aurait même sur celui de la *scansion* italienne cet avantage qu'il ne serait pas de pure convention, mais palpable aux organes, puisque les cadences qu'il offrirait seraient les mêmes qu'on fait entendre dans la lecture de la prose élevée."

B. Die rhythmische Gliederung einer Vielheit von Versen.

I. Der Reim.

Der Reim spielt in der französischen Dichtung eine ganz andere, weit bedeutendere Rolle als etwa in der antiken oder deutschen; während diese eine metrisch und rhythmisch streng gegliederte Form haben, zu der der Reim nur als eine weitere Zierde hinzutritt, ist er bei den Sprachen, deren poetische Rede einen weniger streng gegliederten Bau und einen schwächeren Rhythmus besitzt, ein nothwendiges Erforderniss, da er dazu dient das dem Rhythmus Fehlende zu ersetzen und er so gewisser-massen den musikalischen Schlussstein des letzteren bildet. Daher hat auch der Reim in der französischen Sprache bis heute unbestritten seine Herrschaft behauptet, und alle Versuche reim-loser Verse, so interessant sie auch sonst sein mögen (vgl. Unger's französische Uebersetzung des Schiller'schen Tell im Versmass des Originals. Königsberg, 1859) sind stets misslungen. Man denke sich z. B. das schon mehrfach erwähnte Gedicht Vict. Hugo's „Les Djinns" ohne den bei den kürzeren Versen so mächtig her-vortretenden Reim und die ganze vom Dichter beabsichtigte Wirkung des Gedichtes geht verloren. —

„Der Reim ist in der Poesie wie von selbst aus einem fast instinctartigen Bestreben entstanden, den inneren Trieb nach Be-grenzung auch äusserlich und zwar zunächst für das Ohr darzu-

stellen." Dies geschah in den mehr konsonantischen germa-
nischen Sprachen durch Alliteration, in den mehr vokalischen
romanischen Sprachen durch An- und Gleichklang der Vokale,
Assonanz. In dieser Form der Assonanz, die nur vokalischen
Gleichklang der Reimsilben verlangte, ist der Reim aus den lateinischen, einen volksthümlichen Character tragenden Dichtungen
und dem sich daran schliessenden christlichen Kirchengesang des
frühsten Mittelalters auch in die französische Dichtung einge-
drungen und hat sich erst allmälig mit der Entwickelung der
Kunstdichtung zu der vollkommeneren Reimform von heute ausge-
bildet, welche zu dem vokalischen Gleichklang auch eine gewisse
Gleichheit der folgenden Consonanten fordert. Die ältesten romanischen Denkmäler, das Eulalialied, das Gedicht von dem hei-
ligen Leodegar, die Passion Christi, das Alexius-, Boethius- und
Rolandslied, sowie viele andere zeigen Assonanz, von der hier
ein Beispiel (Rolandslied, Tir. VII):

Dis blanches mules fist amener Marsilies,
Que li tramist li reis de Suatilie.
Li frein sunt d'or, les seles d'argent mises.
Cil sunt muntez ki le message firent,
Enz en lur mains portent branches d'olive.
Vindrent à Charle ki France ad en baillie,
Ne s' poet guarder que alques ne l'engignent.

Im zwölften Jahrhundert verschwindet die Assonanz immer mehr
und mehr, zuerst aus der lyrischen Poesie, dann aus den übrigen
Gattungen, zuletzt aus dem Volksepos.

Bei der Behandlung des Reims haben wir zu unterscheiden,
1. die Beschaffenheit, 2. die Stellung des Reims. Es kann uns
hier natürlich ebenso wenig als in den vorhergehenden Kapiteln
auf Vollständigkeit ankommen, derart, dass wir die zum Theil
willkürlichen und capriciösen Regeln über den Reim erschöpfend
behandelten; es würde das im Wesentlichen auf eine Aufzählung
und Zusammenstellung von Einzelheiten hinauslaufen, die selbst,
wenn sie auch systematischer gemacht wird als es Weigand gethan

hat, doch von zu geringem practischen wie· wissenschaftlichen Werthe ist. Wir beschränken uns daher auf Hervorhebung mehr allgemeiner Gesichtspunkte sowie der wissenswerthesten Thatsachen aus diesem Gebiete der Metrik.

A. Die Beschaffenheit des Reims.

Die nach der allgemeinen Vorbemerkung, dass man auch in der französischen Dichtkunst wie in der deutschen männliche und weibliche Reime (welche letzteren auf ein stummes e endigen), unterscheidet, hier in Betracht kommende Hauptregel ist: Zwei Wörter reimen mit einander, wenn der betonte Vokal sammt dem, was hinter ihm steht, das gleiche Lautganze darstellt und auch dann das gleiche Lautganze darstellen würde, wenn man sie ausspricht, wie man sie im Falle der Bindung ausspricht. Gleichheit der Laute, nicht Gleichheit der Buchstaben ist also das Wesentliche.

Von den Beschränkungen wie von den Zusätzen, die diese Regel erfährt, sind als die wichtigsten etwa folgende hervorzuheben:

1. In Bezug auf den Reimvokal.

Länge und Kürze eines Vokals scheinen, obwohl theoretisch, so doch in der Praxis im Allgemeinen kein Hinderniss für den Reim gewesen zu sein. Wenigstens finden sich auch bei den Klassikern Fälle genug, wo langer und kurzer Vokal reimen: *grâce* auf *fasse*, *âme* auf *dame*.

Offenes *e* und geschlossenes *e* werden im Ganzen auseinandergehalten, obgleich auch hier Ausnahmen vorkommen, besonders in der älteren Zeit, die darin ihren Grund haben, dass sich die Aussprache noch nicht zu der Entwickelungsstufe durchgearbeitet hatte, die sie heute einnimmt; so kommt vor: *cher* auf *aimer*, weil man die Infinitivendung -*er* früher jedenfalls mit einem mehr dem offenen *e* ähnlichen Laut sprach, also wie *ai* und das *r* noch hören liess. Corneille reimt *dissimuler* auf *air*, *arracher* auf *chair*. Vgl. unten normannische Reime.

Diphthongische Verbindungen reimen mit zweisilbigen, aus

denselben Lettern bestehenden Vokalverbindungen, also *ie* mit *i-e*, *ieu* mit *i-eu*, *io* mit *i-o* u. s. w.: *chrétien — li-en*; *bien — li-en*; *adieux — injuri-eux*; *repentirions — complexi-ons*; *oui — réjou-i*; seltener, und im Altfranzösischen, das überhaupt in Bezug auf den Reimvokal oft strenger verfährt als die heutige Sprache, geradezu verboten, reimt ein einfacher Vokal mit einem Diphthong, dessen zweiter Buchstabe derselbe ist wie jener Vokal, also nicht *i* mit *ui*, *e* mit *ie*, obwohl bei Racine doch Reime vorkommen wie *père — première*, *sacrilège — assiège*; bei Corneille *vivre — suivre*.

Ueber die sogenannten normannischen Reime, die ihren Namen haben von einer besonders in der Normandie üblich gewesenen, vom übrigen Französisch abweichenden Aussprache, welche Aussprache im Lauf der Zeit sich auch in die Dichtungen nicht bloss der normannischen Dichter eindrängte, muss eine genauere Untersuchung erst sichere Resultate zu Tage fördern, ehe eine richtige Beurtheilung derselben stattfinden kann. Abgesehen von archaistischen Reimen wie *termes — armes*, *vacarme — ferme* gehören hierhin aus den klassischen Dichtern besonders Reime von *-er* in Wörtern, wo es *aire* gesprochen wird, mit der Infinitivendung *-er*: *triompher — enfer*, *cher — arracher*, *eclater — Jupiter*; *eu* auf *u*; *emeute — dispute*; *oi* auf *ai*, welches *ai* bekanntlich in vielen Wörtern (ich erinnere nur an die Eigennamen auf *-ais*: *Français* etc. sowie an die Imperfect- und Conditionalendung *-ais*) aus früherem *oi* entstanden ist und noch im vorigen Jahrhundert vielfach auch *oi* geschrieben wurde; die klassischen Dichter haben Reime wie: *Français — lois*, *moi — connai(s)*, *maladroit — perdrait*, *exploit — lisait*. Für die damals geltende Aussprache in beiden Reimwörtern haben wir hier natürlich nicht den Laut *oa*, sondern den den Uebergang von *oa* zu *ai* vermittelnden Laut *o-ĕ* anzunehmen.

2. **In Bezug auf die dem Reimvokal folgenden Consonanten.**

Hier gestattete sich die alte Sprache ziemlich umfassende Freiheiten, bis durch Malherbe ein äusserst rigoroses System aufgestellt wurde, nach welchem er auf grösste Reinheit des Reimes drang und Gleichheit desselben für Auge und Ohr forderte, eine Forderung, zu schwer zu erfüllen, als dass sie lange in Geltung hätte bleiben können. So bildete sich denn bald das heutige System heraus, das wir in unserer Hauptregel dahin zusammengefasst haben, dass die Reimvokale mit den hinter ihnen stehenden Consonanten das gleiche Lautganze darstellen müssen, d. h. auch dann gleich lauten müssen, wenn man sie ausspricht, wie man sie im Falle der Bindung ausspricht. Unter diese allgemeine Regel sind dann schon alle Fälle mitbegriffen, die Weigand als besondere aufführt. Denn es folgt aus ihr

a) dass ein einfacher Consonant mit einem doppelten reimt: *âme — flamme, Taxile — tranquille,*

b) dass ein Consonant mit einem andern gleichlautenden reimt: *dis-je — oblige, maison — nom, coq — roc, défiances — défenses,*

c) dass zwei im Falle der Bindung gleichlautende Consonanten mit einander reimen, *d* mit *t*: *attend — inconstant; c* mit *g*: *flanc — sang; s, x, z, ds, ts* untereinander; *doux — vous, eux — boeufs, malheureux — noeuds, précipités — souhaitez, épars — étendards,*

d) dass ein Consonant mit zwei andern gleichlautenden reimt: *basse — menace, philosophe — étoffe.*

Daraus ergiebt sich dann von selbst, dass Reime zwischen andern als den angegebenen von einander verschiedenen Consonanten nicht gestattet sind, also nicht: *maintiens — vient, étang — autant, jamais — parfait, dors — sort* etc.; auch nicht zwischen zwei gleichen Vokalen, ·wenn in dem einen Wort ein stummer Consonant folgt: *loi — voix, homme — pommes, changé — berger.* Trotzdem kommen häufig vor Reime von Wörtern auf *-ar, -er, -or, -our* mit Wörtern auf *-ard, -art, -ars* etc.: *hasard — car, encor — d'accord, cher — désert.* Als Ausnahme ist ferner anzuführen, dass Eigennamen mit gesprochenem Schluss *-s* reimen auf Wörter mit stummem *s*: *Carlos — morts, confus — Pyrrhus,*

accès — *Agnès*; ja man findet auch *vous* — *tous* (spr. tüss);
auch *monsieur* kann auf Wörter in *-eur* reimen, da es sonst im
Reime gar nicht zu gebrauchen wäre; nicht gestattet ist der Reim
des erweichten l mit nicht erweichtem l: *fille* — *file*.

3. **In Bezug auf die dem Reimvokal voraufgehenden
Buchstaben** sollte man, aus dem Vorgang anderer Sprachen zu
schliessen, erwarten, dass dieselben verschiedene sein dürfen, ja
müssen. Wenn dem jedoch nicht so ist, wenn im Gegentheil in
sehr vielen Fällen als Regel in der französischen Dichtkunst gilt,
dass der Gleichklang sich auch auf die dem Reimvokal vorhergehenden Buchstaben erstrecken muss und z. B. ein Reim wie
aimé — *donné* für schlecht gilt, so ist eine solche von dem Ge-
brauche anderer Sprachen abweichende Erscheinung wiederum
nur aus dem Character der französischen Sprache zu erklären.
Dieselbe besitzt in Folge ihrer Betonung der letzten sonoren Silbe
jedes Wortes eine ungeheure Menge von Wörtern, deren letzte
d. h. betonte und also den Reim bildende Silben gleichlauten; so
besonders die Flexionsendungen: *-ons*, *-ez*, *-é*, *-ant*, *-er*, *-i*, *-u* etc.
Da solche Flexionsendungen aber nie das Wesen des Wortes aus-
machen, darin aber gerade für das Französische so gut wie für
jede Sprache die Kunst des Reimens bestehen muss, dass gleich-
klingende Worte verschiedener Bedeutung, nicht E n d u n g e n
mit einander in Beziehung gesetzt werden, so ist es ganz natürlich, dass man Reime wie *aimé* — *donné*, *frappé* — *tombé*, *enlever*
— *porter* etc. für schlecht hält. Die Seele des Wortes ist und
bleibt doch immer die Stammsilbe und die Endsilbe kann trotz
der stärkeren Betonung, die sie in der französischen Sprache erfährt, ihr an Werth doch nicht gleichgesetzt werden. Dies haben
die französischen Dichter, wenn auch unbewusst, sehr wohl gefühlt, und so hat sich ihnen denn auch gewissermassen von selbst
das Bedürfniss herausgebildet, für auf gewisse Endungen aus-
gehende Worte einen weiter nach rückwärts gehenden Gleichklang
zu verlangen, der sich auch noch auf die dem Tonvokal vorhergehenden Lettern erstreckt, also meistens einen Buchstaben der
Stammsilbe trifft; diese selbst freilich konnte, da sie tonlos war,

nicht die Reimsilbe bilden. In der deutschen Dichtkunst ist ein
so weit zurückgehender Gleichklang natürlich unzulässig, da man
ja in diesem Falle immer entweder zwei vollständig gleiche
Wörter oder zwei gleiche Stammsilben erhalten würde (denn bei
uns fällt ja Tonsilbe d. h. Reimsilbe mit der Stammsilbe zusammen); genau dieselben Wörter oder Stämme aber mit einander
zu reimen, wäre keine Steigerung, sondern eine Verschlechterung
der Kunstform des Verses. Was würde man wohl zu einem
Reime wie: *begeben* — *ergeben* sagen?

Ein solcher, vom Französischen für viele Fälle geforderter,
mehr nach dem Anfang des Wortes zu sich bewegender Gleichklang der Reimwörter kann uns nun in verschiedenen Formen
entgegentreten: 1. als reicher Reim (rime riche), der Gleichklang erstreckt sich bis auf den oder die dem Reimvokal unmittelbar vorhergehenden Consonanten oder auch noch auf die
ganze vorhergehende Silbe, 2. als rührender und als gleicher
Reim, der Gleichklang erstreckt sich über das ganze Wort und
zwar entweder *a*) über zwei dem Buchstaben, aber nicht der Bedeutung nach gleiche Wörter (rührender Reim) oder *b*) über
zwei dem Buchstaben wie der Bedeutung nach gleiche Wörter
(gleicher Reim).

Ueber die Anwendung des reichen Reimes gilt als allgemeine Regel, dass derselbe bei mehrsilbigen Reimwörtern Erforderniss, dagegen bei einsilbigen unzulässig ist. Wie dies unsere
oben ausgesprochene Ansicht von dem Wesen des französischen
Reimes und dem Unterschied von Stamm- und Endungsreimen
bestätigt, so scheinen mir auch die Ausnahmen von dieser eben
nur allgemeinen Regel, nach denen seltener vorkommende Endungen wie: *-age, -al, -el, -ais, -èbre, -ès, -este, -ible, -ice, -ide, -ime,
-ile, -our, -ut* u. a. einen reichen Reim nicht verlangen, sich derselben ebenfalls sehr wohl zu fügen. Denn alle diese Endungen
erheben sich dadurch weit über den Werth blosser Flexionsendungen, dass sie ihrer etymologischen Bedeutung nach den
Stammsilben viel näher stehen. Ich glaube daher, dass man für
die Beurtheilung der Frage, ob ein reicher oder ein einfacher

Reim anzuwenden ist, folgenden Gesichtspunct aufstellen muss: ein reicher Reim ist bei zwei- oder mehrsilbigen Wörtern (ein auf stummes e endigendes Wort ist natürlich nicht als zweisilbig anzusehen) überall da anzuwenden, wo die im Reime stehende Silbe eine blosse Flexionssilbe ist oder vermöge ihres sehr häufigen Vorkommens ihre Selbstständigkeit völlig eingebüsst hat und einer solchen gleichgestellt wird, ein einfacher überall da, wo wir es mit einer bedeutungsvollen Endung zu thun haben. Reich werden also reimen müssen Wörter auf é: *inanimé — armé,* és: *désespérés — fourrés,* er: *douter — éclater,* ez: *parlez — voulez;* i, is, ie, ies: *raffermi — ennemi, Athalie — enseveli;* u, us, ue, ues: *abattu — vertu, répandus — vendus.* Gehen diesen Endungen zwei Consonanten voraus, von denen der letzte eine Liquida ist, so braucht nur diese übereinzustimmen: *troublée — aveuglée, confiner — régner.* Vorzuziehen ist reicher Reim dem einfachen Reim in Wörtern, die endigen auf aire — ère, -ant, -ent, -eux, -eur, -ir, -on, also: *soeur — successeur, éclatants — temps, triomphants — enfants.* — Einfacher Reim dagegen reicht aus für die oben schon angeführten selteneren Endungen, also: *jour — retour, prémices — sacrifices, fatal — Baal, funeste — reste, irrite — israélite, homicide — perfide, crime — victime, bienfaits — jamais.* — Dass nun von diesen Regeln viele Ausnahmen vorkommen, kann um so weniger Wunder nehmen, als die Frage, ob ein reicher oder ein einfacher Reim anzuwenden sei, vom Dichter meistens wohl mehr aus subjectiven als aus objectiven Gründen entschieden wird. Es kann sich ja hier überhaupt nur um Anführung allgemeiner Gesichtspuncte handeln, nach denen die einzelnen Fälle zu beurtheilen und zu gruppiren sind. — Als eine Abart des reichen Reims haben wir es anzusehen, wenn der Gleichklang sich noch über den betonten Reimvokal hinaus auf die vorhergehende Silbe erstreckt: *commander — demander,* ein Fall, der jedoch nicht etwa als eine unter gewissen Umständen vom Dichter zu beobachtende Forderung zu betrachten ist, sondern eben als blosse Verskünstelei, die wie alle derartigen Verszierrathen in der ältern französischen, besonders aber der provenzalischen Poesie nicht selten sind.

Was die sogenannten rührenden und die gleichen Reime anbetrifft, so folgt aus dem Wesen des Reimes als eines Kunstmittels, dessen Reiz darin besteht, gerade Verschiedenes durch Gleichklang hervorzuheben, dass man zwei vollständig gleichlautende Wörter von gleicher Abstammung und gleicher Bedeutung, d. h. also dieselben Wörter nicht mit einander reimen darf; von diesen gleichen Reimen bietet die alte Sprache (vgl. besonders Chrétien) mehr Beispiele als die neuere. Für diese siehe z. B. Millevoye, l'Anniversaire:

> Son image est toujours présente à ma *tendresse*
> Ah! quand la pâle automne aura jauni le bois,
> O mon père, je veux promener ma *tendresse*
> Aux lieux où je te vis pour la dernière fois.

Erlaubt sind aber solche Reime wiederum, wenn dasselbe Wort in den beiden Versen eine grundverschiedene Bedeutung hat wie *fin* fein und *fin* Ende (rührender Reim) z. B.:

Rac., Ath. I, 1:

> Quel sera ce bienfait que je ne comprends *pas*?
> L'illustre Josabeth porte vers vous ses *pas*. —

Rac., Plaid. II, 5:

> Tel que vous me voyez, monsieur ici *présent*
> M'a d'un fort grand soufflet fait un petit *présent*,

und zwar erregt ein rührender Reim um so weniger Anstoss, je verschiedener die Bedeutung ist; daher hält man zwar den Reim eines Substantivs mit einem gleichlautenden Verbum (où brise — la brise; qui rampe — la rampe) nicht für gut, ebenso im Allgemeinen nicht den eines Simplex mit seinem Compositum (*jeter — rejeter, mander — demander, faire — défaire, ami — ennemi, prudent — imprudent*), dagegen wohl den zweier Wörter, die nur zufällig gleich lauten, aber ganz verschiedener Abstammung und Bedeutung sind wie: *naissance — reconnaissance, suivie — vie, rive — arrive*, und den eines Simplex mit einem Compositum, wofern keine Bedeutungsverwandtschaft mehr gefühlt wird wie: *garder — regarder, courir — secourir, soin — besoin, séparé —*

préparé. (Bei den oben angeführten unzulässigen Reimen *ami* — *ennemi*, *prudent* — *imprudent* ist zwar die Bedeutung eine verschiedene, da gegensätzliche, aber gerade dieses Verhältniss des Gegensatzes macht die Wörter doch auch wieder mit einander verwandt.)

B. Die Stellung des Reims.

Abgesehen von dem Falle, wo aus Unachtsamkeit des Dichters im Innern des Verses, sei es in der Caesur oder sonstwo stehende Wörter mit am Ende stehenden reimen oder assoniren und so den Wohlklang stören wie z. B.:

Boil., Sat. I:
> Aux Saumaises *futurs* préparer des *tortures*. —

Regn., Fol. I, 3:
> J'ai be*soin* de tes *soins* dans cette conjoncture. —

Rac., Esth. II, 1:
> Enfin las d'appeler un sommeil qui le *fuit*
> Pour écarter de *lui* ces images funèbres. —

abgesehen von diesem Falle, haben wir hier zu betrachten:

1. **Den leoninischen Reim**: das Versende reimt mit der Versmitte. Diese Reime, welche ihren Namen von einem lateinisch schreibenden Dichter des Mittelalters, Namens Leo, haben, finden sich schon hie und da bei den Römern. Sie kommen natürlich nur in längeren Versen vor und sind besonders dadurch bemerkenswerth, dass sich aus ihnen die Entstehung kleinerer Versarten herleiten lässt: der Alexandriner wird durch einen leoninischen Reim in zwei Verse von je sechs Silben getheilt. Aus eben diesem Grunde, weil er die Einheit des Verses stört, wird er von den modernen Dichtern gemieden und findet sich nur zufällig bei ihnen. So Corn. Cinna V, 1:

> Ont jadis dans mon *camp* tenu les premiers *rangs*.

2. **Den Mittelreim** (rime brisée): die Versmitte des ersten Verses reimt mit der Versmitte des folgenden. Corn. Cid. III, 4:

> Je sais ce que *l'honneur* après un tel outrage
> Demandait à *l'ardeur* d'un généreux courage.

3. **Den Binnenreim:** das Versende reimt mit beliebigen Wörtern im Innern des Verses, mit einem, mit zweien oder mehreren, so dass der Vers dadurch in zwei oder mehr gleiche oder ungleiche Theile getheilt wird; aus einer dieser Formen erklärt sich die Entstehung des Schweifreimes (rime couée), wie wir ihn z. B. finden bei Boileau, le roi d'Yvetot:

> Et couronné par Jeanneton
> D'un simple bonnet de coton,
> Dit-on.

Aus der deutschen Dichtung wäre hier für die Formen des Mittel- wie des Binnenreims z. B. zu vergleichen Cl. Brentano:

> Es sauset und brauset das Tamburin,
> Es rasseln und prasseln die Schellen darin.
> Die Becken hell flimmern von tönenden Schimmern,
> Um Sing und um Sang,
> Um Kling und um Klang
> Schweifen die Pfeifen und greifen ans Herz
> Mit Freud' und mit Schmerz.

Alle diese verschiedenen Stellungen der Reimwörter sind heute mehr oder weniger verpönt und kommen bei den Classikern nur gelegentlich vor, meistens dann in rhetorischer oder musikalischer Absicht, oft auch ohne alle Absicht, rein zufällig; da kunstmässigen Ursprunges, so begegnen sie besonders in spät- und mittellateinischen Dichtungen (besonders den Sequenzen); auch später im 16. Jahrhundert, wo überhaupt die Verskünsteleien sehr in Aufnahme kamen, waren sie sehr beliebt. Die heute fast ausschliesslich gebrauchte Reimform ist

4. **Der End- oder Schlussreim:** das Versende des einen Verses reimt mit dem Versende des andern Verses. Er zerfällt in

a) den **Folgereim**, wo die Reimpaare unmittelbar aufeinanderfolgen (rimes plates):

> Chasser tout souvenir et fixer la pensée,
> Sur un bel axe d'or la tenir balancée,
> Incertaine, inquiète, immobile pourtant;
> Eterniser peutêtre un rêve d'un instant;

b) den **Kreuz-** oder **Wechselreim,** wo dem ersten Vers des einen Reimpaars der erste Vers des andern folgt u. s. f.

> Captif au rivage du Maure
> Un guerrier, courbé sous des fers,
> Disait: Je vous vois encore,
> Oiseaux ennemis des hivers.

c) den **umarmenden Reim,** wo das eine Reimpaar das andere umschliesst:

> J'ai fui ce pénible sommeil
> Q'aucun songe heureux n'accompagne
> J'ai devancé sur la montagne
> Les premiers rayons du soleil.

II. Die Strophe.

Neben einer das Verständniss erleichternden, grösseren Uebersichtlichkeit hat die Eintheilung einer Dichtung in mehrere bestimmte, dem Sinne nach enger zusammenhängende, der Form nach abgerundete Theile ganz besonders eine dem Auge wie dem Ohr wohlthuende, gefällige d. h. rhythmische Gestalt zum Zweck. Diese ist bei den verschiedenen Dichtungsarten verschieden und richtet sich sowohl nach der Qualität als nach der Quantität d. h. nach dem Inhalt und dem Umfange des behandelten Gegenstandes. Weniger tritt sie zu Tage bei dem dramatischen Gedicht, das durch die Eintheilung in Akte und Scenen und innerhalb dieser wieder durch die dialogische Form zwar gegliedert, aber doch nicht gerade rhythmisch gegliedert ist. Das grössere Epos, seinem Character einer allmälig fortschreitenden, in behaglicher Breite auch die Einzelheiten berücksichtigenden Erzählung gemäss, verträgt eine Eintheilung in kleinere Abschnitte ebenfalls nicht und begnügt sich mit einer nach den einzelnen grossen Abschnitten (Gesängen) eintretenden Pause. Die lyrische Poesie dagegen als Spiegelbild gewissermassen der wechselnden Stimmungen des Gemüths, der leichten, hin und her flatternden Reflexion, sowie

die didactische Dichtung mit ihren kurzen Aphorismen und
oft in kleinere Erzählungen eingekleideten Lehren und die kürzeren epischen Gattungen mit ihrer im Vergleich zum eigent-
lichen Epos nur die Hauptmomente hervorhebenden, nicht aus-
malenden und schildernden Erzählung streben schon von Natur
nach einer häufigeren Begrenzung. Um diese dann auch äusserlich kenntlich zu machen, bringt man äussere Mittel in Anwendung,
als welche die besondere Art der Reimordnung sowie die Beschaffenheit, Länge und Ordnung der Verse zu betrachten sind,
und zwar richtet sich die Wahl dieser verschiedenen Mittel, ob
lange oder kurze Strophen, ob lange oder kurze Verse, ob derselbe Reim oder mehrere Reime anzuwenden sind, natürlich nach
den verschiedenen Dichtungsarten. Da lässt sich nun im Allgemeinen sagen, dass Strophen aus kurzen und wenigen Versen
mit häufigem Wechsel des Reims sich mehr für leichtere Sujets
lyrischen Characters und für kleine novellenartige Erzählungen
eignen, während Strophen aus vielen und langen Versen mit
seltenerem Wechsel des Reims mehr der ernsten Gattung zu-
sagen. Im Einzelnen dies weiter auszuführen, würde eine ein-
gehende und wenig Anspruch auf Sicherheit habende Untersuchung
voraussetzen, welche um so weniger der Zweck dieser Arbeit sein
kann, als in diesem Puncte die Dichtkunst der verschiedenen
Sprachen allgemeinen und gleichen Grundsätzen folgt und sich
für die französische nichts wesentlich Abweichendes anführen
lässt.

Was nun die einzelnen Strophen selber betrifft, so wird, wie
wir schon oben gesagt haben, ihr Character bestimmt sowohl
durch die Zahl und die Art der Verse, als auch durch die Ordnung und die Zahl der Reime. Es sind da natürlich die ver-
schiedensten Combinationen möglich; hier sollen nur allgemeine
Gesichtspuncte angedeutet werden.

1. **Die Verse.**

Die allgemeine Länge der Strophe, d. h. die Verszahl, lässt
sich nur annäherungsweise bestimmen: abgesehen von der Form
des Distichons, können zwei Verse nicht gut eine Strophe bilden,

da die Strophe eben einen längeren Gedanken, der sich nicht immer in je zwei Versen des Gedichtes wird ausdrücken lassen, zum Abschluss bringen soll. Strophen aus drei Versen sind ebenfalls selten; die den Italienern entlehnte Form der Terzine ist kaum als Strophe anzusehen, da sie wegen des Uebergreifens des mittleren Reims in die folgende Terzine nicht als etwas Selbstständiges, in sich Abgeschlossenes angesehen werden kann. Die geringste Zahl der Verse einer Strophe ist demnach vier. In Bezug auf das Maximum lässt sich nur sagen, dass zu lange Strophen (von mehr als zehn Versen) wegen ihrer schwer übersichtlichen Gliederung selten gebraucht werden. Innerhalb eines und desselben Gedichtes können nun die einzelnen Strophen wiederum von gleicher oder ungleicher Länge sein; der erstere Fall ist der gewöhnliche. — Die in einer Strophe angewandte Versart kann entweder eine sein und dieser Fall ist der gewöhnliche, oder es können zwei Versarten darin abwechseln, was ebenfalls nicht selten ist. Der dritte Fall, dass mehr als zwei Versarten angewandt werden, ist zwar seit dem Vorgange Malherbe's und Rousseau's verpönt, begegnet aber doch hie und da z. B. bei Racine (vgl. unten); als ein vom Wohlklange vorgeschriebenes Gesetz wird dabei beachtet, dass die beiden Versarten mindestens um zwei Silben differiren, da sonst der verschiedene Character derselben zu wenig hervorträte.

2. Die Reime.

Hier ist zunächst im Allgemeinen zu bemerken, dass die Abwechselung männlicher und weiblicher Reime heute so allgemein ist, dass sie als Regel angesehen werden kann, und die Anwendung von nur männlichen oder nur weiblichen Reimen, wie man sie in der Lyrik (vgl. besonders Béranger) nicht selten findet; als Ausnahme erscheint. — Der Zahl nach kann nun der Reim einer Strophe einer sein (vgl. z. B. die monorinen Tiraden des Rolandsliedes, die freilich kaum den Namen Strophe verdienen), oder es können zwei Reimpaare abwechseln (bei vierzeiligen Strophen die allgemeine Regel), oder endlich es begegnen mehr als zwei Reimpaare (bei längeren Strophen gewöhnlich drei). — In Bezug auf die Ordnung der Reime lässt sich ebenfalls nur im Allgemeinen sagen, dass die Anwendung von Kreuz- oder umarmenden Reimen bei kürzeren wie bei längeren Strophen und besonders im Innern dieser letzteren weit häufiger ist als die Anwendung der Folgereime, welche dagegen wiederum oft am Ende längerer Strophen sich finden, um ihnen einen gewissen rhythmischen Abschluss zu geben. An dieser Stelle tritt dann aus demselben Grunde auch oft der Refrain oder Kehrreim ein, mit welchem Namen man die Wiederkehr einer oder mehrerer Zeilen am Ende jeder Strophe, selten am Anfange bezeichnet.

Aus der Verknüpfung aller dieser einzelnen Fälle unter einander ergeben sich nun die mannigfaltigsten Strophencombinationen, wie sie uns in den Gedichten alter und neuer Zeit in unerschöpflicher Fülle entgegentreten. Für einige der selteneren folgen hier Beispiele:

Zunächst ein Beispiel aus alter Zeit, das Alexiuslied, das aus lauter gleichgebauten Strophen besteht, deren jede fünf Verse, eine und dieselbe Versart und einen und denselben Reim (der hier noch Assonanz ist) enthält. Das Rolandslied unterscheidet sich hiervon nur durch die ungleiche Länge seiner Tiraden. Unzweifelhaft haben wir hier, wie die einfachste, so auch die älteste Strophenform vor uns, die nur eine Versart und nur einen Reim und zwar männlichen kennt:

> Bons fut li secles al tens ancïenor,
> Quer feit i ert e justise et amor,
> Si ert credance, dont or n'i at nul prot
> Tot est mudez, perdude at sa color,
> Ja mais n'iert tels com fut as anceisors.

Corn. Cid. V, 2. Vollkommen gleich gebaute Strophen, zwei Versarten (12 und 8 silbig), theils Kreuz- theils Folgereime (eine Art freierer Stanzenform):

> T'écouterai-je encor, respect de ma naissance,
> Qui fais un crime de mes feux!

T'écouterai-je, amour, dont la douce puissance
Contre ce fier tyran fait révolter mes voeux?
  Pauvre Princesse, auquel des deux
    Dois-tu prêter obéissance?
  Rodrigue, ta valeur te rend digne de moi;
  Mais pour être vaillant tu n'es pas fils de roi.

V. Hugo, les Djinns. Ungleich gebaute Strophen. Jede einzelne Strophe enthält eine von den übrigen Strophen verschiedene Versart (von 2—10 Silben). Das Gedicht ist an einer früheren Stelle (pag. 26 ff.) schon theilweise mitgetheilt.

C. Delavigne, La mort de Jeanne d'Arc. Ungleich gebaute Strophen, die nicht nur in Bezug auf die Verszahl, sondern auch in Bezug auf die Versart und die Reimordnung alle untereinander verschieden sind:

Silence au camp! la vierge est prisonnière!
Par un injuste arrêt Bedford croit la flétrir!
Jeune encore, elle touche à son heure dernière —
  Silence au camp! la vierge va périr.

Des pontifes divins, vendus à la puissance,
Sous les subtilités des dogmes ténébreux,
  Ont accablé son innocence.
Les Anglais commandaient ce sacrifice affreux:
Un prêtre en cheveux blancs ordonna le supplice,
Et c'est au nom d'un Dieu par lui calomnié,
D'un Dieu de vérité, d'amour et de justice,
Qu'un prêtre fut perfide, injuste et sans pitié.
A qui réserve-t-on ces apprêts meurtriers?
  Pour qui ces torches qu'on excite?
  L'airain sacré tremble et s'agite . . . .
D'où vient ce bruit lugubre? où courent ces guerriers
Dont la foule à longs flots roule et se précipite?

  La joie éclate sur leurs traits,
  Sans doute l'honneur les enflamme;

Ils vont pour un assaut former leurs rangs épais:
Non, ces guerriers sont des Anglais
Qui vont voir mourir une femme etc.

Racine, Esther I, 5. Während in den bis jetzt mitge-
theilten Beispielen die einzelnen Strophen nur zwei verschiedene
Versarten, entweder zehn- und zwölfsilbige oder acht- und zwölfsilbige Verse enthalten, finden wir hier mehr als zwei, nämlich
vier Versarten (12, 10, 8 und 6 silbige Verse):

Pleurons et gémissons, mes fidèles compagnes,
A nos sanglots donnons un libre cours:
Levons les yeux vers les saintes montagnes
D'où l'innocence attend tout son secours.
O mortelles alarmes!
Tout Israël périt. Pleurez, mes tristes yeux:
Il ne fut jamais sous les cieux
Un si juste sujet des larmes.

oder mit etwas anderer Reim- und Versordnung:

Hélas! si jeune encore,
Par quel crime ai-je pu mériter mon malheur?
Ma vie à peine a commencé d'éclore:
Je tomberai comme une fleur
Qui n'a vu qu'une aurore.
Hélas! si jeune encore
Par quel crime ai-je pu mériter mon malheur?